LE
DUC DE ROHAN

ET
LA CHUTE DU PARTI PROTESTANT

EN FRANCE

PARIS. — IMPRIMERIE ÉMILE MARTINET, RUE MIGNON, 2.

LE
DUC DE ROHAN

ET

LA CHUTE DU PARTI PROTESTANT

EN FRANCE

PAR

M. G. SCHYBERGSON

PARIS

LIBRAIRIE SANDOZ ET FISCHBACHER

G. FISCHBACHER, ÉDITEUR

33, RUE DE SEINE, 33

1880

AVANT-PROPOS

Le mémoire que nous publions se rattache de très près à l'ouvrage important de M. Anquez intitulé *un Nouveau chapitre de l'histoire politique des réformés de France, de 1621 à 1626* [1]. Séduit par les points de vue nouveaux que ce livre nous ouvrait, nous avons voulu profiter d'un voyage d'études que nous faisions, en 1876 et 1877, aux frais de l'université d'Helsingfors, pour reprendre les investigations sur ce sujet au point où les avait laissées M. Anquez et nous appliquer à la recherche des causes de la désorganisation et de la chute du parti réformé en France. C'est le résultat de ces recherches faites sur les lieux, à Paris, dans le midi de la France et à Londres, que nous exposons ici.

Les documents qui nous permettent de reconstituer l'histoire des huguenots de l'avènement de Louis XIII à la paix d'Alais (1610 à 1629) témoignent d'une scission toujours plus profonde qui s'est faite à cette époque dans le parti réformé. La majorité des protestants était encore animée de l'esprit démocratique et républicain qui caractérisait l'Église calviniste. Enflammés par le souvenir des

---

(1) Paris, Durand (1864).

luttes héroïques de leurs pères et profondément attachés
aux libertés que ceux-ci avaient payées de leur sang, ils
étaient prêts à tout sacrifier pour défendre contre les em-
piétements du pouvoir royal les garanties du libre exercice
de leur religion. Cependant, peu à peu, des opinions tout
opposées se font jour parmi eux, et l'on voit bientôt maint
huguenot proclamer la doctrine du respect absolu de la
royauté comme supérieur à tous les intérêts et à tous les
droits.

Ainsi se forment au sein du protestantisme deux partis
hostiles dont l'animosité va croissant et qui s'accusent
l'un l'autre de trahison. Des scènes de désordre et de violence se produisent presque tous les jours, et c'est avec
raison qu'un auteur du temps compare les divisions et les
haines intestines de la communauté réformée à la confusion
qui régnait parmi les Juifs dans les temps qui précédèrent
la destruction de Jérusalem [1].

Il est intéressant d'observer la conduite différente que
tinrent les diverses classes de la société protestante pendant
la lutte des partis. La noblesse, attachée au trône par la
faveur et l'ambition, montrait des tendances décidément
monarchiques. Il en était de même de la haute bourgeoisie, qui voyait dans l'affermissement du pouvoir royal
la garantie de la tranquillité publique et des intérêts ma-
tériels. Les petits bourgeois, au contraire, et les artisans se
rattachèrent au parti de la résistance, lequel acquit sous la
direction de Rohan, homme dont l'énergie et les talents
n'ont pas été appréciés à leur juste valeur, une force et une
homogénéité remarquables.

1. *Mémoires* de Madiane.

Les mêmes divisions régnaient parmi les pasteurs, qui exerçaient une si grande influence par la considération attachée à leurs fonctions. Les uns, convaincus que le devoir d'un chrétien était d'éviter l'effusion du sang, exhortaient leurs auditeurs à la patience et à la résignation, et prêtaient ainsi au parti royaliste un puissant appui moral. D'autres, au contraire, animés d'une pieuse ardeur, prenaient rang dans le parti populaire et n'hésitaient pas à prêcher ouvertement la révolte contre les oppresseurs de la foi.

Le but de nos recherches était surtout de déterminer la position que les partis occupaient vis-à-vis l'un de l'autre, ainsi que les mobiles qui faisaient agir les personnages principaux de l'un et de l'autre camp. Nous avons eu le bonheur de trouver une grande quantité de lettres et d'actes propres à éclairer ces questions. Parmi les collections que nous avons été à même de consulter, citons en premier lieu la *Correspondance d'Auguste Galland*, conservée à la Bibliothèque nationale (vol. 15827, 15828, 20341, 20964, 20965). Galland possédait en même temps la confiance du gouvernement et l'estime de ses coreligionnaires; il était ainsi en rapports constants avec un grand nombre de personnages influents, et les lettres qu'il leur écrivait ou qu'il en recevait abondent en précieux renseignements. Les *Mémoires de Bouffard de Madiane* sont plus instructifs encore. Celui-ci exerça une haute influence à Castres, d'abord comme ami de Rohan, puis comme son plus mortel ennemi ; ses mémoires, écrits d'un style animé et pittoresque, sont d'autant plus intéressants qu'il y donne sans feinte et sans détours son opinion sur les événements dont il a été témoin et sur les personnes avec lesquelles il a été en relations. Le titre complet de ces mémoires est : *Mémoires particuliers et véritables sur la conduite du feu duc de Rohan pour se maintenir par la fraction de l'estat contre ses ennemis, depuis la mort de Henri le grand jusques à son départ pour Venise, l'an 1629.* — M. Charles Pradel, à Toulouse, a bien voulu nous communiquer des copies de ces mémoires. Une source enfin de la plus grande importance est la *Correspondance de Danchies et Dagret* (Bibl. nat., vol. 18972), qui jette un jour singulier sur les intrigues secrètes par lesquelles Richelieu réussit, après la prise de la Rochelle, à semer le trouble et l'inquiétude parmi les huguenots du Languedoc.

Les documents qui nous font connaître les dispositions et les idées régnantes dans le parti populaire sont en moins grand nombre. La pensée des adhérents de ce parti ne se reportait, sans doute, qu'avec un chagrin amer sur la lutte malheureuse qu'ils avaient soutenue ; il n'est pas étonnant qu'ils n'aient trouvé aucun plaisir à communiquer en détail à la postérité les alternatives de crainte et d'espoir par où ils avaient passé. Les renseignements les plus importants que nous ayons à ce sujet nous viennent des *rapports des ambassadeurs et des agents anglais,* rapports conservés au *Public Record Office.* Ces agents étaient en relations constantes avec les chefs de parti ; les comptes rendus qu'ils adressent à leur gouvernement contiennent souvent des renseignements qu'on ne trouve pas ailleurs, et constituent avec les *Mémoires du duc de Rohan, ses lettres et ordonnances, publiées et inédites,* des matériaux sinon complets, du moins fort précieux pour l'étude des tendances et des aspirations du parti de la résistance.

Au nombre des documents dont nous avons tiré parti pour notre travail figurent encore de nombreux *actes publics,* contenant les décisions des assemblées communales et politiques des villes protestantes et conservés soit à la Bibliothèque nationale, soit dans les bibliothèques et les archives de la Rochelle, de Montauban et de Nîmes. Le plus important recueil de ces actes a pour titre *Extraits faits à Castres des affaires politiques de ceux de la religion prétendue réformée depuis le 8 juillet 1620 jusques en 1630, par Auguste Galland* (Bibliothèque nat., vol. 23491). Cette collection complète les mémoires de Madiane par des données exactes sur les événements accomplis à Castres, ville qui fut, comme on sait, un des principaux théâtres de la lutte des partis.

Nous voudrions encore, en terminant, exprimer notre vive gratitude pour le bienveillant accueil que nous avons partout rencontré pendant notre séjour en France. L'obligeant empressement avec lequel tous ceux à qui nous nous sommes adressé ont répondu à nos demandes de conseils ou de renseignements demeure pour nous un cher souvenir. Nous avons en particulier les plus grandes obligations à M. Léonce Anquez, dont les avis éclairés et les précieux encouragements ont beaucoup facilité notre travail, et à M. Charles Pradel, qui a bien voulu mettre à notre disposition sa riche collection de manuscrits.

M. G. Schybergson.

Helsingfors (Finlande), le 24 décembre 1879.

LE

DUC DE ROHAN

ET

LA CHUTE DU PARTI PROTESTANT

EN FRANCE

I

A la nouvelle de la mort subite d'Henri IV, les amis du grand roi prévirent avec inquiétude que le gouvernement qui lui succédait, loin de poursuivre l'accomplissement de ses vastes projets, se jetterait dans les bras de la réaction catholique. Leurs craintes, en effet, ne tardèrent pas à se réaliser. Par inclination naturelle aussi bien que par sympathie héréditaire, la régente, Marie de Médicis, se rallia au parti ultramontain. Elle y trouva des partisans d'autant plus dévoués que les théories démocratiques qui régnèrent au sein de l'Église catholique pendant les luttes religieuses du xvie siècle avaient fait place dès lors à des tendances purement royalistes. Le clergé se montrait disposé à soutenir le droit divin de la royauté et à mettre les trésors de l'Église au service du gouvernement, pourvu que celui-ci s'engageât de son côté à maintenir l'influence de l'Église. La régente ne tarda pas à subir entièrement cette influence, et à chercher dans un rapprochement intime avec l'Espagne les garanties qu'Henri IV avait trouvées dans une alliance avec les puissances protestantes.

L'histoire de cette époque fournit des témoignages nombreux de l'opposition que soulevèrent en France ces tendances cléricales du gouvernement. Le parlement de Paris se prononça énergiquement contre cette politique; le mécontentement trouva une expression plus vive encore dans les délibérations des états généraux de 1614. Le tiers état, qui, dans cette assemblée, fit constamment preuve d'un grand sens politique, mit en tête de son cahier une disposition destinée à assurer l'indépendance du pouvoir royal vis-à-vis du clergé catholique et de la curie romaine. La cour, soutenue par les deux ordres supérieurs, repoussa la demande du tiers état; mais la même question reparut lors des mouvements qui marquèrent les années 1615 et 1616. Ces efforts vers une politique plus nationale sont, au milieu des luttes d'intérêts égoïstes et mesquins qui agitent cette époque, le seul point où le regard de la postérité puisse se porter avec quelque plaisir. Cependant, cette fois encore l'opposition était trop faible et trop désunie pour se faire entendre, et la France continua de marcher, à la suite de son gouvernement, dans la voie du cléricalisme absolutiste.

Parmi les huguenots surtout, cette communauté nombreuse et vivante qui occupe dans la société française une position si particulière, l'attitude du gouvernement devait éveiller l'inquiétude et le mécontentement.

Au milieu des luttes acharnées du xvie siècle, les huguenots avaient acquis droit de cité sur le sol français; leur situation était garantie par de nombreux privilèges. L'organisation politique qu'ils s'étaient donnée, et qui avait été reconnue par l'État, était pénétrée de l'esprit républicain qui animait l'Église calviniste. Tous leurs intérêts politiques se décidaient dans des assemblées représentatives, dont les principales étaient les assemblées provinciales et les assemblées générales; ils considéraient aussi comme très important le fait d'être représentés à la cour par deux *députés généraux* qui soumettaient au roi leurs plaintes et leurs vœux. Ils formaient ainsi un parti politique bien organisé, s'appuyant principalement sur les libres communes protestantes du Midi et disposant d'une force armée rès considérable qui pouvait, d'après un rapport secret adressé au roi, être portée au besoin à cinquante mille hommes[1]. De plus ils occupaient, sous le nom de « places de sûreté » et de « places de mariage », environ 150 villes ou bourgs fortifiés, situés dans différentes parties de la France, mais surtout dans les provinces de l'ouest et du midi. Enfin leur flotte était de beaucoup supérieure à la marine royale[2].

Les huguenots voyaient avec raison dans cet état de choses la seule garantie de la liberté civile et religieuse qu'ils avaient acquise ; ils n'étaient cependant pas inconscients des périls qui y étaient attachés. Ils sentaient bien que leur organisation était en opposition directe avec les tendances de l'époque à la concentration de tout pouvoir entre les mains de la royauté, tendances qui s'affirmaient de plus en plus ; ils savaient que la plupart des hommes d'État français voyaient avec défiance leur situation exceptionnelle, la jugeant incompatible avec l'unification nationale. Voilà pourquoi l'alliance du pouvoir royal avec le clergé catholique, dont les efforts tendaient incessamment à l'anéantissement de l'hérésie, inspirait aux protestants les plus vives alarmes ; beaucoup d'entre eux pressentaient dès lors les malheurs qui allaient fondre sur eux.

Ces périls menaçants, les huguenots auraient pu les conjurer peut-être, s'ils avaient subi patiemment les injustices, les outrages auxquels ils étaient en butte de la part de leurs ennemis. Mais ils étaient bien plus enclins à répondre à la violence par la violence qu'à se résigner tranquillement à leur sort. Un trait suffira à prouver qu'ils conservaient toujours aussi vivace la haine que les guerres religieuses du xvie siècle leur avaient inspirée contre le catholicisme. Dans un écrit que publia en 1611, du Plessis-Mornay, le célèbre homme d'État, frère d'armes d'Henri IV, il ne craignit pas de traiter d'antéchrist le pape régnant alors, Paul V. L'ouvrage fut accueilli par les huguenots avec la plus vive approbation et fit d'autant plus d'im-

1. Bibl. nat., fonds franç., 3 850, fol. 26.
2. Voy. Léonce Anquez, *Histoire des assemblées politiques des réformés de France*, app. n° 12.

pression qu'on en savait l'auteur partisan d'une politique de
conciliation et d'apaisement. Des publications remplies ainsi
de la polémique la plus acerbe contre le catholicisme et con-
çues dans l'esprit sévèrement dogmatique du calvinisme pa-
raissaient fréquemment, envenimant de jour en jour les haines
entre les partis religieux.

La présence d'Henri IV à la tête du royaume avait été aux
yeux des huguenots le plus sûr garant de l'observation de l'édit
de Nantes et d'autres édits religieux; ils jugeaient donc ne
pouvoir trouver que dans l'extension de leurs privilèges une
compensation à la sécurité perdue par la mort du roi. Plusieurs propositions dans ce sens furent faites dans une assemblée générale tenue à Saumur (1611) et où se trahit l'inquiétude qu'inspirait l'avenir. Mais à force d'argent et d'intrigues
le gouvernement réussit à semer la discorde dans l'assemblée;
on dut se séparer sans être arrivé à aucun résultat. Dans des
assemblées plus restreintes, tenues en différentes villes, les
huguenots tâchèrent de faire prévaloir leurs vues, mais le gouvernement persista dans son refus de leur donner satisfaction.

Le trouble et l'inquiétude qui régnaient dans le parti huguenot ne firent qu'augmenter pendant les années 1615 et 1616.
Le prince de Condé, s'étant insurgé contre la cour, s'efforça
d'entraîner les protestants dans la révolte. Ils se refusèrent
longtemps à ses sollicitations; enfin, non sans beaucoup d'hésitation et bien des scrupules, ils firent alliance avec ce prince.
Ils ne tardèrent pas à porter la peine de leur faute : à la conférence de Loudun (1616) leurs demandes ne reçurent presque aucune satisfaction[1]. Ils n'en entretinrent pas moins,
dans les années qui suivirent, des relations avec les grands du
royaume, et plus d'une fois l'on put croire qu'ils allaient en
venir à une lutte ouverte avec le gouvernement.

Une nouvelle ère de guerres de religion devait, en effet,
s'ouvrir pour la France. C'est du Béarn que partit la première

---

1. Conférence de Loudun, par Bouchitté.

étincelle. Ce petit pays avait appartenu jusqu'en 1589 aux princes de la maison de Bourbon comme territoire indépendant; réuni à la France par l'avènement d'Henri IV, il n'en garda pas moins ses libertés et son administration distincte. Cepe, 'ant les ministres du royaume commencèrent peu à peu à intervenir dans les affaires intérieures du pays, surtout dans les querelles qui s'élevaient entre l'administration protestante et l'Égl se catholique. C'est ainsi qu'en 1617 ils ordonnèrent que certaines propriétés de l'Église, précédemment confisquées, seraient rendues au clergé catholique. Les villes et l'administration protestèrent contre « cet édit de main levée » comme portant une grave atteinte aux privilèges et à l'indépendance du Béarn. La question resta pendante jusqu'à ce qu'en 1620 Louis XIII résolut de faire exécuter l'édit par les armes. Le Béarn fut incorporé à la France et le clergé catholique y recouvra tous ses droits.

Ce fut un rude coup pour tout le parti protestant, que le coup qui frappa ainsi l'un des foyers du protestantisme français. En même temps retentissaient de divers côtés des plaintes amères sur ce que l'édit de Nantes était violé dans la plupart de ses dispositions : des places de sûreté avaient été reprises aux protestants ; leurs assemblées religieuses avaient été interdites en plusieurs lieux ; leurs enfants leur avaient été enlevés pour être instruits dans la foi catholique ; on les avait même empêchés d'enterrer leurs morts [1].

Des députés de presque toutes les provinces de France se réunirent en assemblée générale à la Rochelle, au mois de novembre 1620, pour aviser aux mesures à prendre en face des périls qui menaçaient l'Église réformée. A la première nouvelle de la convocation de cette assemblée, le gouvernement l'avait déclarée illicite ; il la somma ensuite, à plusieurs reprises, de se séparer : elle refusa d'obéir avant qu'il eût été fait droit à ses réclamations. En résistant aussi ouvertement à

1. Voy. Benoît, *Histoire de l'édit de Nantes*, t. II, p. 277 et *passim*.

l'autorité royale, l'assemblée comptait que les protestants, entraînés par l'enthousiasme de leur cause et par le souvenir de tant de luttes glorieusement soutenues, se lèveraient comme un seul homme pour la défense de la religion.

Mais le zèle enthousiaste et l'esprit guerrier des huguenots du xvie siècle ne s'étaient pas transmis aussi ardents à leurs descendants. Sans doute, les doctrines austères de Calvin et de Théodore de Bèze régnaient encore dans l'Église réformée : pourtant, chez beaucoup, le point de vue religieux s'était déjà modifié. Chez plus d'un membre de la noblesse et de la bourgeoisie protestante le zèle s'était refroidi ; chez les théologiens même certaines différences d'opinions commençaient à se faire jour. C'est vers cette époque que Caméron, professeur distingué à l'académie protestante de Saumur, émettait des vues en désaccord complet avec la rigide doctrine calviniste et allait jusqu'à exprimer la conviction qu'on pouvait faire son salut au sein de l'Église catholique. Cette tendance au doute religieux, si peu prononcée qu'elle fût encore, contribuait sans doute en quelque mesure à affaiblir l'ardeur guerrière des huguenots[1].

Mais ce qui paralysait bien davantage le parti protestant, c'était la désunion politique qui depuis longtemps régnait dans son sein. En effet, les huguenots ne partageaient pas tous l'opinion, émise par les députés à l'assemblée, qu'une résistance armée à l'oppression de la cour pouvait seule sauver le protestantisme. Loin de là, un grand nombre d'entre eux soutenaient qu'il fallait renoncer à toute idée de lutte ouverte et s'efforcer au contraire d'aller au-devant des désirs du gouvernement. C'était surtout là l'opinion des protestants qui par leur naissance ou leur situation tenaient de près à la cour. Plus d'un, ébloui par l'éclat et la popularité qui entouraient la personne du roi, séduit plus encore peut-être par les offices, les titres et les grâces que le gouvernement prodiguait à ses partisans, était

1. Voy. à ce sujet quelques remarques intéressantes dans la monographie de M. Michel Nicolas sur l'académie protestante de Montauban, 1872, p. 15, 16, 17. — Cf. la France protestante (anc. éd.), art. CAMÉRON.

tout disposé à abandonner complètement la cause de la religion et à suivre sans conditions la bannière royale. L'assemblée de la Rochelle en fit bientôt l'amère expérience. Elle avait nommé généraux à son service Bouillon, Lesdiguières, Châtillon et la Trémoille, hommes illustres par leurs services et qui comptaient parmi la première noblesse de France. Châtillon seul accepta la charge, et l'on croit, non sans raison, qu'il avait dès l'abord l'intention de trahir ceux dont il semblait épouser la cause. Quant à Lesdiguières, il tira l'épée contre ses coreligionnaires, et une grande partie de la noblesse protestante suivit cet exemple. Pressentant qu'il en serait ainsi, le vénérable du Plessis-Mornay avait écrit à l'assemblée de la Rochelle pour signaler les divisions qui ne pouvaient qu'engendrer « une inévitable ruine [1] ».

La guerre prit ainsi un tout autre caractère que les guerres de religion au xvi° siècle. Alors les armées protestantes se composaient en grande partie de troupes aguerries que la noblesse féodale amenait à sa suite. Mais maintenant, par suite de la défection de la noblesse, le soin de la défense reposait presque tout entier sur le tiers état, sur la population protestante des villes et les milices qu'on pouvait lever, troupes faites plutôt pour se défendre derrière des murailles que pour la guerre en rase campagne.

Sous un autre rapport encore la position des huguenots se montra, dès l'ouverture des hostilités, moins avantageuse que dans les anciennes guerres de religion. Alors que Coligny, Louis de Condé et Henri de Navarre étaient à la tête du parti, les protestants de la France entière couraient aux armes au premier appel. Cette fois, au contraire, le mouvement était réduit aux provinces du sud-ouest : le Poitou, la Guyenne et le Languedoc. Les protestants, plus nombreux dans ces provinces et entraînés par des prédicateurs zélés, étaient résolus à sou-

---

1. Mémoire baillé à M. de Villarnoul. *Mémoires et lettres* de du Plessis-Mornay. — Pour les divisions qui régnèrent entre les huguenots après la mort d'Henri IV, voy. Benoît, *Histoire de l'édit de Nantes*, passim, et *la France protestante* (nouv. éd.), art. DAUBIGNÉ.

tenir de tout leur pouvoir l'assemblée de la Rochelle. Mais
dans le reste de la France les huguenots étaient trop clair-
semés pour pouvoir risquer avec quelque chance de succès
une résistance à main armée au pouvoir royal, déjà si fortement établi. Aussi les partisans de la paix n'eurent-ils pas de
peine à faire prévaloir leurs vues parmi eux : dans cette guerre
et dans les suivantes, nous voyons les protestants établis au
delà de la Loire et du Rhône attendre impassibles l'issue d'une
lutte où cependant leurs intérêts les plus sacrés étaient en jeu.

Malgré tout, la force militaire du parti était encore considérable, et la guerre eût pu avoir une tout autre issue si elle eût
été dirigée par une main énergique. Mais la direction multi-
ple d'une assemblée ne pouvait pas donner à la défense la
force et la cohésion nécessaires, et le roi Louis ne rencontra
qu'une faible résistance lorsqu'en mai 1621 il pénétra en Poitou :
les villes, mal défendues ou livrées par des commandants
lâches ou perfides, tombaient l'une après l'autre aux mains des
troupes royales. Et lorsque, tournant la Rochelle, le roi pénétra en Guyenne, là comme ailleurs tout plia devant lui ; au
bout de quelques mois il était maître d'une cinquantaine de
places fortes qui depuis bien des années étaient fermées à ses
armes.

C'est à ce moment où tout chancelait, et où paraissait près
de se réaliser le projet de Luynes d'enlever aux huguenots les
garanties de leur liberté religieuse, c'est alors que la direction
du parti passa aux mains du duc de Rohan, qui, plus que tout
autre, paraissait capable de ramener dans les rangs protestants
l'union et l'énergie.

Henri de Rohan, membre d'une des familles les plus illustres
de la noblesse française, appartenait par les traditions de sa
maison à la cause réformée. Son père, René de Rohan, avait
été pendant les guerres de religion du XVIᵉ siècle un des plus
vaillants chefs huguenots, et sa mère, la noble Catherine de
Parthenay, pour laquelle il témoigna toujours le plus vif amour
filial, jouait encore, à l'époque qui nous occupe, malgré son

grand âge, un rôle important dans le parti protestant. Élevé par cette femme distinguée dans les meilleurs principes, Henri de Rohan tenait d'elle ce dévouement à la religion réformée qu'il conserva toujours à travers toutes les vicissitudes de sa vie. Il ne partageait cependant pas en tous points les principes rigides de ses coreligionnaires, et ne mit non plus jamais dans l'observation des formes extérieures de la religion l'exagération si commune chez ceux-ci.

Quant à son extérieur, voici ce qu'en dit Madiane : « Il était d'une moyenne taille, fort droit, bien proportionné en tous ses membres, plus brun que blanc, les yeux vifs et perçants, le nez aquilin, chauve, fort dispos, agile et adroit aux exercices du corps[1]. »

Sans posséder une instruction vaste, il savait bien l'histoire, la géographie, les mathématiques et toutes les sciences qui touchent à l'art militaire. Plutarque et César étaient ses auteurs favoris. Sans aucun doute il avait les *Commentaires* présents à l'esprit en écrivant ses mémoires. Ce n'est pas que, comme écrivain, il fût un simple imitateur; loin de là, la précision, la clarté, la concision de son style lui impriment un cachet marqué d'originalité. Ces qualités, jointes à la sûreté des renseignements, font de Rohan l'un des auteurs de mémoires les plus distingués de son temps.

Une éloquence entraînante, une activité infatigable, une décision prompte étaient les dons qui lui permirent de maintenir la cohésion dans son parti au milieu même des plus grandes difficultés. Un empire sur lui-même qui ne l'abandonnait jamais est encore un trait marquant de son caractère. Nous lui voyons le même courage intrépide et calme jusque dans la dernière période de sa carrière politique, alors que des traîtres l'environnaient de toutes parts.

A peine Rohan eut-il atteint l'adolescence, qu'il entreprit un long voyage en Italie, en Allemagne, en Hollande, en Flandre,

---

1. *Mémoires* de Madiane, seconde guerre.

en Angleterre et en Écosse. Le journal qu'il rédigea à son retour témoigne des heureux dons du jeune gentilhomme. Les institutions, les mœurs et la religion des peuples, les causes de leur prospérité et de leur décadence, leurs tendances politiques et sociales, tels sont les sujets qu'il y traite dans un style limpide et avec une sagacité qui fait l'étonnement du lecteur moderne [1]. Une nature aussi richement douée ne pouvait échapper au regard pénétrant d'Henri IV. Celui-ci le nomma duc et pair du royaume, l'attacha à sa personne, en fit son ami et le confident de ses plans pour la grandeur de la France. Quand la nouvelle de la mort du roi lui parvint, Rohan était à la frontière d'Allemagne avec six mille hommes, prêt à prendre part à la grande guerre contre l'Espagne. Il se sentit plus rudement atteint qu'aucun autre peut-être par un malheur qui réduisait à néant ses espérances d'avenir. Il donna libre cours à sa douleur dans un discours tout pénétré de chaleureuse affection et d'admiration patriotique pour le grand roi. Pressentant que sa vie allait désormais s'écouler dans le trouble et les orages, il dit entre autres : « Je veux donc séparer ma vie en deux, nommer celle que j'ai passée heureuse, puisqu'elle a servi Henri le Grand, et celle que j'ai à vivre encore malheureuse [2] ».

Quand, après la mort d'Henri IV, les protestants se divisèrent, Rohan se déclara constamment pour une politique de résistance à la cour, cherchant par tous les moyens à réchauffer le zèle de ses coreligionnaires. La théorie, très à la mode alors, de la soumission absolue à l'autorité royale ne convenait point à son humeur hardie, indépendante. Il déclarait vouloir servir le roi, « l'empire de Dieu restant en son entier [3] »; aussi n'hésita-t-il pas à prendre part aux troubles où furent mêlés ses coreligionnaires dans les premières années du règne de Louis XIII. Il fut un de ceux qui, en 1615, engagèrent l'assemblée générale de Nîmes à embrasser la cause de Condé, et la déloyauté dont

---

1. Anquez, *un Nouveau chapitre.* Appendice III.
2. Discours sur la mort d'Henri le Grand. *Mémoires*, éd. 1644.
3. Formule en usage chez les huguenots.

le prince et ses amis firent preuve à l'égard des huguenots fut un mécompte amer pour lui aussi bien que pour tout le parti. Il se rallia ensuite à Marie de Médicis lors de la rupture de celle-ci avec le roi et Luynes, son ministre. Sa conduite dans la situation politique très incertaine de ce temps n'est pas à l'abri de tout blâme; mais au moins peut-on dire à son honneur qu'il n'obéit qu'à des mobiles essentiellement religieux, et non, comme la plupart des grands de l'époque, à d'égoïstes intérêts de féodalité. Dans les écrits de sa main datant de cette période il indique invariablement la défense de la religion protestante comme seul motif déterminant de sa conduite politique [1].

Avec la connaissance qu'il avait des affaires, Rohan comprit tous les périls de la position où l'assemblée de la Rochelle mettait les huguenots. Il l'engagea à se séparer et à ne pas entreprendre seule la lutte contre le pouvoir royal. Il soutint avec chaleur la même opinion dans une réunion de quelques gentilshommes protestants avec des députés de l'assemblée, réunion qui eut lieu à Niort le 2 mars 1621. Voyant tous ses efforts inutiles, il finit pourtant par déclarer que, quoi qu'il arrivât, il n'abandonnerait pas la cause de l'assemblée [2]. On a voulu voir un manque de fermeté de caractère dans l'hésitation que montre Rohan à cette occasion. Il nous semble, au contraire, bien naturel qu'il ne prît pas sans anxiété et sans quelque trouble intérieur une résolution d'une importance aussi décisive *pour son propre avenir, en même temps que pour celui* des Églises réformées. Dans une lettre au duc de Sully, qui avait cherché à le persuader d'abandonner l'assemblée, il dit : « Vous me remontrez les grandes forces qui nous attaquent et les foiblesses qui sont parmy nous pour nous en garantir; c'est chose que je confesse librement; aussy n'est-ce de gayeté de

---

1. Beaucoup d'historiens ont été induits en erreur par le jugement sévère que Richelieu porte sur Rohan (*Mémoires*, coll. Michaud et Poujoulat, sér. 2, t. III, p. 444). Le cardinal, qui, dans ses mémoires, n'épargne jamais ses ennemis politiques, a indubitablement été égaré par son inimitié personnelle envers cet adversaire éminent. Il l'accuse entre autres de lâcheté; or on sait que Rohan exposa souvent sa vie, et qu'il mourut sur le champ de bataille.
2. Lettre de M. de la Tabarrière à M. du Plessis, du 8 mars 1621. *Lettres et mémoires* de du Plessis-Mornay.

2

cœur que je me suis embarqué, vous le savez, Monsieur, et ce que je vous en ay dit, c'est une pure nécessité (laquelle j'espére que Dieu fera un jour cognoistre au Roy)[1]. » Il est hors de doute, nous semble-t-il, qu'il ait bien agi en n'abandonnant pas son parti, et l'on ne peut qu'admirer la constance avec laquelle il resta fidèle à la cause jusqu'au bout.

L'assemblée de la Rochelle avait divisé la France en un certain nombre de *départements* militaires; elle nomma Rohan commandant du haut Languedoc et de la haute Guyenne. La position qu'il occupait ainsi devint d'une importance capitale lorsqu'au mois d'août le roi tourna ses armes contre Montauban, ville située sur une haute colline au bord du Tarn, et qui, dès le commencement des guerres de religion, avait été un des chefs-lieux du protestantisme. L'avenir du parti dépendait du sort de cette place. Sa chute, en effet, eût été suivie inévitablement de la perte du haut Languedoc, qui ne comptait aucune ville en état de soutenir un siège. Le comte de Châtillon n'avait pris aucunes mesures pour la défense du bas Languedoc, qui eût par conséquent aussi été perdu. Il ne serait plus resté alors aux huguenots que la Rochelle pour dernier refuge. Aussi la confusion était-elle générale dans le camp protestant. « Chacun ne méditoit que désertion ou désespoir, le reste de nos villes couroyent à recepvoir la servitude, et la crainte avoit glacé les plus ardens[2]. »

En ce moment décisif, Rohan se rendit à Montauban pour préparer la défense et ranimer le courage des habitants. Il assembla le peuple et les autorités de la ville; tous, entraînés par sa virile éloquence, jurèrent de mourir plutôt que d'abandonner la cause de la religion. Ensuite il donna le plan de nouvelles fortifications, divisa les troupes et les habitants en compagnies, et ne négligea rien de ce qui pouvait mettre la place

1. *Réponse du duc de Rohan au duc de Sully.* Milhaud, 27 août 1621. Bibl. nat., fonds franç., 4102.
2. *Discours fait par le sieur des Isles à l'assemblée générale.* Bibl. nat., fonds franç., 4102.

en état de soutenir un long siége[1]. Il confia enfin le soin de la
défense au brave la Force et à son ami, le premier consul Du
Puy; celui-ci contribua dans une large mesure au succès par
sa résolution et par un remarquable talent d'organisation.
Rohan lui-même se retira à Castres pour pouvoir, de là, porter
secours à la ville.

Le rôle que jouèrent les pasteurs, dans la ville assiégée, est
bien digne d'arrêter un instant notre attention. Par leurs pré-
dications ils soutenaient le courage des habitants, et dans leurs
visites journalières aux bastions ils donnaient aux défenseurs
l'exemple de l'intrépidité devant le danger. L'un d'eux surtout,
Daniel Chamier, écrivain et théologien célèbre, déploya une
indomptable énergie. Il tomba enfin, frappé d'un boulet, au
moment où, debout sur un bastion, il encourageait les com-
battants. Mais sa mort elle-même ne fit qu'exciter à de nouveaux exploits, et Rohan ayant réussi, par une habile ma-
nœuvre, à jeter dans la ville un renfort considérable, tous les
efforts de l'armée royale furent vains. En novembre 1621,
Louis XIII se vit contraint de se retirer après avoir subi des
pertes considérables. Le siège avait duré trois mois.

Nous nous sommes arrêté sur ces événements à cause
des modifications essentielles qu'ils contribuèrent à amener
dans l'organisation intérieure du parti réformé. Il était devenu évident, d'une part, qu'une assemblée représentative
ne pouvait pas diriger la défense avec succès, d'autre part, que
seul le sauveur de Montauban possédait l'autorité et les capa-
cités nécessaires pour la mener à bien. Il était donc dans la
nature des choses que son influence devînt prépondérante. Dès
le mois d'octobre 1621, Châtillon, soupçonné d'entretenir des
relations avec la cour, avait été dépouillé de son commandement sur le bas Languedoc, les Cévennes et le Vivarais. Rohan,
ayant été appelé à le remplacer, eut ainsi sous ses ordres
presque toute la région où les protestants étaient encore en

---

1. *Mémoires de Rohan*, coll. Michaud et Poujoulat, p. 525. *La France protestante* (anc. éd.), art. ROHAN.

état de résister[1]. Nous le voyons bientôt se rendre dans sa
nouvelle province et y déployer la même infatigable activité.
Accueilli partout avec enthousiasme par la population, il s'ap-
pliqua principalement à faire cesser la discorde qui, depuis le
commencement de la guerre, divisait les protestants de la province, et à étendre les moyens de défense. Cette conduite accrut
encore sa popularité. La plupart des villes importantes, bien
que jalouses de leur liberté et de leurs privilèges, lui abandon-
nèrent la direction de leur administration municipale avec des
pouvoirs presque dictatoriaux[2]. C'est ainsi que par la marche
inévitable des événements, bien plus que par ambition, Rohan
fut amené à concentrer entre ses mains la direction supérieure
des affaires. L'autorité exercée constitutionnellement par des
représentants élus, qui, jusque-là, avait été un trait distinctif
de l'organisation du parti huguenot, disparaît désormais, pour
faire place au pouvoir centralisé entre les mains d'un chef
unique.

Rohan avait sauvé son parti d'une ruine imminente, mais il
ne tarda pas à éprouver les périls de la situation qu'il s'était
acquise. Les forces qu'il réussit à lever étaient insuffisantes; il
ne pouvait pas compter sur le secours des puissances protestantes du Nord; partout il ne rencontrait qu'indifférence, inimitié ou désunion[3]. Persuadé dès lors qu'une prompte paix
était la seule chance de salut pour la cause protestante, il en-
tama avec la cour des négociations à ce sujet. Rien de moins
fondé que l'accusation à laquelle il fut en butte de la part des
plus ardents d'entre les huguenots, accusation souvent reproduite depuis, d'avoir par ces négociations poursuivi son avantage personnel plutôt que l'intérêt de son parti[4]. Nous le voyons

---

1. La déposition de Châtillon et la nomination de Rohan furent résolues dans une
assemblée de cercle à Montpellier, et confirmées par l'assemblée de la Rochelle.
Bibl. nat., fonds franç., 4102.
2. Anquez, *un Nouveau chapitre*, p. 7. — Corbière, *Histoire du siège de Montpellier.* Registre des délibérations politiques de la maison consulaire de Nîmes.
Bibl. nat., fonds Doat, 258.
3. *Mém.* du duc de Rohan coll. Michaud et Poujoulat, p. 538.
4. Voy. à ce sujet : Anquez, *un Nouveau chapitre*, p. 8-11. Dans une dépêche
adressée de Paris en Angleterre, le 24 novembre 1625 (vieux style), on dit en-

au contraire repousser les offres brillantes par lesquelles la cour espérait le détacher de la cause réformée, et il est prouvé qu'il réussit à obtenir des conditions beaucoup moins dures que celles qu'on avait mises d'abord à la conclusion de la paix. Il communique à l'assemblée de la Rochelle avec une entière franchise la marche des négociations, et nous ne le voyons agir de sa propre autorité qu'après avoir reçu de l'assemblée plein pouvoir pour conclure la paix sans en référer à elle[1]. Le roi Louis, très jaloux de ses prérogatives, ne se laissa persuader qu'avec peine d'accorder aux huguenots des garanties de sécurité. Il fallut que son armée rencontrât devant Montpellier la même résistance obstinée qu'à Montauban, et fût presque entièrement détruite par les maladies et l'indiscipline, pour qu'il se décidât enfin à accorder à Rohan les conditions de paix que celui-ci demandait.

La paix de Montpellier, conclue le 19 octobre 1622, enlevait aux huguenots les places de sûreté, au nombre de quatre-vingt environ, qui, pendant la guerre, étaient tombées aux mains des armées du roi. En revanche ils conservaient le reste de leurs places fortes, et constituaient encore, bien que dans des limites réduites, un parti armé. Ainsi cette paix, fruit de l'épuisement des adversaires, loin d'être une œuvre de réconciliation, portait en elle le germe de complications nouvelles[2].

II

Après la conclusion de la paix, Rohan, dans le but évident de se tenir en relations constantes avec les villes protestantes

core de Rohan : « He is not free from suspicion, whereof he has never been able to recover himself since the peace of Montpellier. » De Vic to lord Conway. Engl. Record Office. State papers, France.

1. Extrait des registres de la maison commune de la Rochelle, 27 septembre 1622. Bibl. nat., fonds franç., 4102. Dans le même volume sont conservées de nombreuses copies de lettres et d'autres actes concernant ces négociations.

2. Les conditions de paix sont rapportées en détail dans Anquez, un Nouveau chapitre, p. 18-21.

du midi, s'établit à Castres, centre principal des églises réformées du haut Languedoc. Parmi les nombreux amis dont il s'y vit entouré, aucun peut-être ne lui était plus cher qu'un jeune homme de vingt et quelques années, Jean Bouffard de Madiane. Issu d'une famille noble qui avait chaudement embrassé la Réforme dès son introduction à Castres, Madiane avait été dans la dernière guerre un des plus fermes appuis de Rohan, comme premier consul de Castres d'abord, puis à l'armée comme chef d'une compagnie. Leurs rapports restèrent intimes après la paix; c'est donc un témoin oculaire qui donne de la vie de Rohan à Castres la description suivante : « Le duc de Rohan commença de mener une douce et tranquille vie, éloignée de tout embarras et intrigue. Sa maison était exempte de désordre pour le jeu, la débauche et tous autres vices qu'on voit familiers chez les grands; sa table fort frugale, ses autres dépenses très modérées en tout genre de luxe, estant un exemple de sobriété pour son manger, et paroissant comme insensible pour les femmes; affable, familier et accessible, jouant très peu et rarement, faisait exercice aux beaux jours au jeu de mail, à courre la bague et à monter à cheval, ayant toujours quelque jeune poulain, qu'il dressait bien, même avec succès; s'appliquant sans affectation à la lecture de Plutarque et des Commentaires de César, au surplus n'ayant pas grande connaissance des lettres; assidu aux exercices de piété, sans hypocrisie, fort retenu en ses passions, modéré en ses ressentiments, exempt de tous jurements, discret et civil en toute manière. — Par toutes ces bonnes et belles qualités il avait gagné le cœur de tout le monde dedans Castres et dehors au voisinage, jusqu'à ses ennemis entre ceux qu'il avait esté obligé de fascher quelques fois pour la rencontre des affaires [1]. »

Il n'est guère vraisemblable que Rohan, qui avait fait l'amère expérience des embarras et des déboires attachés à la position d'un chef de faction, et qui était encore en butte dans son

1. *Mémoires* de Madiane.

propre parti à des accusations mensongères[1], fût fort disposé à
échanger le calme de sa vie à Castres contre les hasards d'une
nouvelle guerre de religion. Il veillait lui-même à l'exécution scrupuleuse des engagements imposés aux réformés par la
paix de Montpellier, et il paraît avoir compté sur la réciprocité
de la part de la cour. Celle-ci, en effet, était divisée, quant à
la question protestante, er deux partis, et Rohan espérait,
dit-il dans ses *Mémoires*, que le courant favorable aux huguenots prévaudrait après la paix. Il fut trompé dans son attente.
L'influence catholique demeura prépondérante dans les conseils
du roi, et les huguenots se virent exposés à de nouvelles persécutions. Les autorités commirent de nombreuses infractions
au traité[2], et leur manière d'agir, à l'égard surtout de Montpellier et de la Rochelle, était bien faite pour alarmer les protestants.

Il avait été stipulé que le roi ferait son entrée à Montpellier
avec une escorte militaire, mais qu'aussitôt après ses troupes
évacueraient la ville et n'auraient, pas plus que par le passé, le
droit d'y tenir garnison. Malgré cette clause, Louis y laissa
deux régiments. Rohan s'étant rendu à Montpellier à cette occasion, le commandant Valençay le fit arrêter et profita de sa
captivité pour opérer par la violence un bouleversement complet des institutions municipales. Au lieu que jusque-là les
consuls étaient élus parmi les réformés, il fut arrêté que désormais ils seraient composés moitié de catholiques, moitié de
protestants. En même temps une citadelle royale fut élevée
dans la ville. Rohan fut bientôt remis en liberté ; mais cette cité
considérable, située au cœur de la région protestante, était à
jamais perdue pour les huguenots, perte irréparable, surtout
au point de vue militaire.

Non moins alarmante était la conduite tenue à l'égard de
la Rochelle, fière et libre cité, centre du protestantisme dans

1. Discours sur les raisons de la paix faite devant Montpellier, 1624. *Mémoires* du duc de Rohan.
2. Voy. à ce sujet d'intéressants détails dans Anquez, *un Nouveau chapitre*,
p. 41-49.

l'ouest. Pendant la guerre, l'armée royale avait élevé sous les
murs de la ville un ouvrage fortifié nommé le fort Louis.
D'après une clause du traité de paix ce fort devait être rasé.
Malgré cela, son commandant, Arnaud, ne cessa point de le
faire agrandir et fortifier. Toutes les protestations des habitants
furent vaines, et le fort Louis se dressa bientôt si formidable
aux portes mêmes de la Rochelle, qu'on disait : « Il faut que
la Rochelle prenne le fort Louis, ou que le fort Louis prenne
la Rochelle[1]. »

Sous les apparences d'une paix profonde se cachait ainsi une
lutte obstinée entre le pouvoir royal et les réformés, lutte où
ceux-ci étaient bien plus désarmés que dans une guerre ouverte. Cet état de choses ne changea point lorsque, en 1624,
Richelieu prit la direction des affaires publiques. Ce politique
de génie acccomplit un revirement complet dans les rapports
de la France avec les autres puissances européennes. Il conclut
un traité avec la Hollande et ouvrit des négociations avec l'Angleterre, en vue de former une vaste alliance pour l'abaissement
de la monarchie espagnole. En même temps il engageait en
Italie une guerre ouverte avec l'Espagne. Il rompit ainsi avec
la politique religieuse qui avait si longtemps régi l'Europe, et
fonda une nouvelle politique, basée exclusivement sur les intérêts de l'Etat. Dans les questions intérieures aussi, le grand
cardinal était sans doute exempt des haines religieuses si communes chez ses contemporains ; sa conduite ultérieure le prouva
bien. Mais, dans la première année de son administration, son
autorité n'était pas encore assez fortement établie pour qu'il ne
craignît pas d'éveiller l'animosité cléricale par des mesures con-
ciliatrices à l'égard des huguenots. La situation du parti réformé n'était donc point améliorée ; au contraire, l'entrée de
Richelieu au ministère était plutôt faite pour augmenter la
défiance. En effet, dans une période antérieure de sa vie, alors
qu'il ne considérait pas encore les affaires intérieures de la

1. Anquez (un Nouveau chapitre) cite quelques lettres de Rohan au roi, écrites
à l'occasion de ces infractions.

France d'un point de vue aussi élevé que plus tard, le cardinal avait publié des écrits pleins d'acrimonie contre la religion réformée[1]. Aussi les huguenots voyaient-ils en lui un ennemi dangereux, et sa politique, bien que conforme aux intérêts généraux du protestantisme, ne put dissiper leurs défiances. Ils virent au contraire dans l'ouverture des hostilités avec l'Espagne une occasion de prendre eux-mêmes les armes. L'insurrection leur paraissait une précaution légitime contre la violation de leur sûreté personnelle et de leur liberté de conscience. La dernière guerre avait montré qu'ils étaient trop faibles pour faire prévaloir leur droit. N'auraient-ils pas plus de chances de succès, s'ils profitaient pour se soulever du moment où l'État serait engagé dans les complications d'une guerre étrangère?

Tels étaient les motifs qu'on fit valoir dans les délibérations qui eurent lieu à Castres, vers la fin de 1624, entre Rohan, son frère Soubise, profondément dévoué à la cause protestante, et les autres membres principaux du parti. Rohan n'était pas sans scrupules sur l'initiative d'une nouvelle guerre civile ; mais, entraîné par l'ardeur passionnée de Soubise, il finit par se rallier à la résolution de se soulever et d'appeler aux armes les villes protestantes encore indépendantes[2].

La Rochelle, Montauban, Castres et Nîmes avaient été, depuis le milieu du xvie siècle, les foyers du protestantisme en France. La grande majorité de leurs habitants avait embrassé la doctrine nouvelle avec l'enthousiasme qui distinguait les premiers prosélytes. En même temps leur administration était devenue protestante, des protestants seuls ayant été élus aux charges municipales. Le dévouement à la Réforme s'y était maintenu plus pur qu'ailleurs, aux yeux de la grande majorité des habitants, la religion étant ce qu'il y avait de plus sacré, et tout avantage terrestre devant y être subordonné. Mais ces villes tenaient au parti protestant par un autre lien encore que l'intérêt de la religion, lien bien fort aussi, c'est-à-dire par leur

1. Voy. Anquez, *un Nouveau chapitre*, ch. 7.
2. *Mémoires* de Madiane, seconde guerre.

attachement aux franchises municipales dont elles avaient si
longtemps joui.

Nulle part peut-être, en France, les libertés des communes
n'avaient été plus florissantes qu'en Languedoc. Les grandes
villes de cette province formaient, dans la dernière partie du
moyen âge, autant de républiques presque indépendantes,
ayant leur administration, leurs lois, leurs finances propres ;
elles avaient même le droit de faire la guerre à leurs voisins [1].
L'accroissement rapide du pouvoir royal amena par la suite
bien des restrictions à leurs privilèges ; mais elles avaient conservé leur administration indépendante et le droit de choisir
leurs fonctionnaires [2]. La Rochelle occupait une position encore
plus favorisée ; ses autorités communales exerçaient non seulement l'administration, mais encore la législation civile et cri-
minelle, sauf un petit nombre de cas spécialement réservés à
la décision des tribunaux du roi. Le sénéchal choisissait annuel-
lement le maire, premier magistrat de la ville, entre trois candidats librement élus [3].

L'autonomie communale que ces villes avaient héritée du
moyen âge s'était encore accrue pendant les orages des guerres
de religion. Abritées derrière de solides fortifications et défendues par une bourgeoisie exercée aux armes, elles avaient
souvent repoussé des armées nombreuses, et l'esprit d'indépendance y était resté vivant, tandis qu'il allait s'éteignant dans
les autres villes de France [4]. Il n'était pas douteux que la chute
du parti huguenot n'entraînât après elle la perte de cette liberté
presque républicaine ; les exemples ne manquaient pas de villes
ayant ainsi perdu tous leurs privilèges. Voilà pourquoi les
guerres que nous racontons ici ne sont pas seulement des guerres religieuses, mais en même temps la lutte suprême des com-

---

1. Voy. *Histoire générale de Languedoc*, par Dom Vaissette et de Vic.
2. *Geschichte der Rechtsverfassung Frankreichs*, von Wilh. Schaeffner,
Band II, S. 608.
3. Le tome XIII du *Mercure français* contient un article très nourri d'Auguste
Galland sur la constitution de la Rochelle.
4. Les places de sûreté protestantes étaient exemptes de garnison royale, pri-
vilège auquel les habitants attachaient un grand prix.

munes françaises contre le pouvoir royal : c'est là un point sur
lequel les historiens n'ont pas assez insisté. Dans une lettre
écrite pendant le siège de Montauban, Rohan dit : « J'ay rencontré des peuples qui se jetteront dans toutes sortes de déses-
pairs, *plustost que de voir les murailles de leurs villes razées et
leur liberté opprimée*[1]. » Ces paroles caractérisent bien l'esprit
qui régnait parmi les habitants de ces villes. D'un autre côté,
l'esprit aristocratique que ces institutions devaient à leur anti-
que origine contenait des germes de discorde qui ne devaient
pas tarder à porter le trouble dans les rangs du protestantisme
français.

A la Rochelle, l'administration était confiée au *corps de ville*,
corporation composée de cent prud'hommes, savoir : le maire,
24 échevins et 75 pairs. Seuls les gentilshommes, les magistrats
et les marchands pouvaient en faire partie ; les autres bourgeois, les artisans et les ouvriers en étaient exclus. Les membres
de la corporation choisissaient eux-mêmes leurs successeurs,
ce qui faisait que les fonctions se perpétuaient dans un petit
nombre de familles[2]. Une institution aussi peu conforme à
l'esprit démocratique de l'Église calviniste n'était pas vue de
bon œil par la grande masse de la population, d'autant moins
que le corps de ville s'était rendu coupable de nombreux abus
de pouvoir. Les historiens de la Rochelle racontent qu'en 1613
le mécontentement éclata en une révolte ouverte. La petite république devint le théâtre de rixes nombreuses et sanglantes
entre les partis ; des pamphlets virulents étaient répandus ;
l'ordre paraissait définitivement compromis. Enfin le corps de
ville fut contraint de céder, et, en 1614, on dressa une charte
communale qui introduisait un élément démocratique dans
l'administration de la ville. Cette charte instituait en effet des
syndics procureurs, au nombre de cinq, élus pour un an, sorte
de tribuns du peuple, qui avaient entre autres le droit de réunir la population en assemblée publique toutes les fois qu'ils

1. Rohan au duc de Sully, 11 août 1621. Bibl. nat., fonds franç., 4102.
2. Arcère, *Histoire de la Rochelle*, liv. I, p. 193.

le jugeaient nécessaire. Un conseil de quarante-huit bourgeois élus par le peuple devait, avec ces syndics, veiller à la bonne administration de la ville, et formait avec eux une seconde chambre populaire, à côté de l'aristocratique chambre des pairs[1]. Cependant cette réforme ne mit pas fin aux dissensions. La mésintelligence régna constamment entre les deux autorités rivales, et la population se partagea en deux camps hostiles.

L'état des choses était à peu près le même dans les villes protestantes du Midi, bien que le conflit entre les classes n'y eût pas encore pris un caractère aussi violent. Là, des consuls élus pour un an, généralement au nombre de quatre, étaient à la tête de l'administration municipale; ils constituaient le pouvoir exécutif et jouissaient d'une haute considération. Ils avaient à leurs côtés une assemblée délibérante appelée *conseil ordinaire*, qui, dans la plupart des villes, pouvait au besoin être renforcée de *conseillers extraordinaires*. Nous avons des renseignements détaillés sur la manière dont se faisait, à Nîmes, foyer principal du protestantisme dans le Midi, l'élection de ces autorités. Les habitants de cette ville étaient divisés en quatre ordres, nommés *échelles*, dont le premier comprenait les nobles, les docteurs et les avocats; le second et le troisième, les bourgeois et les marchands; le quatrième, les artisans et les ouvriers. Pour l'élection des consuls, qui avait lieu au mois de décembre, les consuls sortants choisissaient, conjointement avec les membres du conseil ordinaire, seize candidats, quatre de chaque ordre, parmi lesquels le sort désignait les quatre consuls (un de chaque ordre) pour l'année suivante[2]. La masse de la population n'avait ainsi aucune part dans l'élection des consuls, pas plus que dans celle des conseillers. En effet, le 1er janvier, les consuls entrants et sortants se réunissaient pour procéder en commun au choix des conseils ordinaire et extraordinaire. Le premier se composait de vingt-

---

1. Voy., à ce sujet, E. Jourdan : *Ephémérides historiques de la Rochelle* (la Rochelle, 1861), liv. I, p. 88.
2. Pour prévenir toute fraude, le tirage au sort était fait par de « jeunes enfants, âgés de trois ans ou quatre ».

quatre membres, le second de trente-deux, huit de chaque ordre[1]. Ces institutions communales étaient, à quelques différences près, les mêmes dans toutes les villes protestantes du Midi. Dans quelques-unes, à Montauban, par exemple, le caractère aristocratique de la constitution était encore plus marqué, en ce que les nouveaux consuls y étaient désignés par un comité électoral nommé par les consuls sortants[2].

Il y avait bien aussi des assemblées publiques, les conseils généraux, que l'on convoquait, au son de la grosse cloche et de la trompette, dans les circonstances extraordinaires. « Tous les habitants pères de famille » avaient le droit d'y prendre part, mais il était statué expressément que « le conseil général ne s'assemble que l'ordinaire n'aye jugé la convocation d'icelui nécessaire » ; il n'était donc guère propre à limiter l'autorité des autres conseils et des consuls[3].

Ainsi, la majorité des habitants ne participait à l'administration, ni par l'élection directe des fonctionnaires, ni par des assemblées populaires périodiques. Aussi n'est-il pas étonnant que, dans des temps où la vie et la liberté des citoyens étaient en danger, la masse de la population supportât avec impatience le peu de part qu'elle avait à la décision de son propre sort. Des troubles populaires eurent lieu, en effet, en plusieurs localités, pendant la guerre de 1620-1622. A Nîmes, un gentilhomme nommé Brison, gouverneur de la ville, se mit à la tête d'un mouvement du bas peuple contre les « principaux habitants », qu'il tint plusieurs mois opprimés sous le joug démagogique. Des actes de sauvagerie, des scènes san-

1. Registre des délibérations politiques de la maison consulaire de Nîmes, 1621-1628; décembre 1626, janvier 1626 et 1627. Bibl. nat., fonds Doat, 258; copie.
2. Archives municipales de Montauban, registre des conseils, 6 décembre 1628. A Castres l'élection était faite par un comité nommé par le conseil « élu du conseil pour faire l'élection » (Relation du voyage fait par Jean de Jean, Bibl. nat., fonds franç., 20965, fol. 95). On trouve quelques renseignements sur la constitution des villes dans les archives du département de l'Hérault, liasse C. 915.
3. Registre de Nîmes, 16 août 1626. Bibl. nat., fonds Doat, 258. De même aussi à Montpellier : Histoire du siège de Montpellier, par Ph. Corbières, p. 9.; et à Montauban : Histoire véritable de tout ce qui s'est passé en la ville de Montauban, imprimé en 1627, p. 14.

glantes avaient lieu tous les jours, jusqu'à ce qu'enfin Rohan délivra la ville de cette tyrannie [1]. Des désordres semblables eurent lieu à Castres et à Montpellier [2].

Il s'était donc fait, dans toute l'étendue de la région protestante, à la Rochelle aussi bien que dans le Midi, une scission profonde entre les classes supérieures et inférieures de la population des villes. Les conséquences de cette division devaient se faire sentir aussi sur le terrain religieux, dans la question brûlante du moment. En effet, l'histoire nous montre à chaque page que la différence de position sociale entraîne toujours une différence dans le point de vue sous lequel on juge les questions d'un intérêt vital.

Bien qu'en 1621 l'aristocratie se fût ralliée à la cause protestante, en 1625, au contraire, elle était absolument opposée à une prise d'armes. Diverses causes concouraient à ce revirement d'opinion. La haute bourgeoisie craignait que les classes inférieures, qui, pendant la dernière guerre, avaient montré tant d'inclination vers une révolution sociale, ne profitassent de nouveaux troubles pour renverser les institutions sur lesquelles reposaient son influence et son autorité; la noblesse tremblait de voir dévaster par l'armée ennemie les biens qu'elle possédait hors des murs; enfin les marchands prévoyaient les entraves que la guerre apporterait au commerce et à l'industrie. Mais une cause plus puissante résidait dans la direction générale qu'avait prise l'opinion en France. Ce qui enlevait toujours plus de partisans à la cause protestante, c'était la popularité croissante de la royauté, popularité qu'elle avait méritée par la haute mission qu'elle avait accomplie en se faisant la protectrice du peuple contre l'oppression féodale.

Les fonctionnaires administratifs et judiciaires délégués par le roi dans les villes protestantes, y formaient une classe en relations intimes avec la haute bourgeoisie, et qui se sentait

1. Ordonnance du duc de Rohan du 20 mai 1622; registre de Nîmes; Bibl. nat., fonds Doat, 258.
2. Extraits tirés à Castres par Aug. Galland, 12 juin 1622. Bibl. nat., fonds franç., 23491. *Histoire du siège de Montpellier*, par Ph. Corbière.

tout particulièrement appelée à travailler dans l'intérêt de la monarchie. Leur nombre s'était beaucoup accru depuis un siècle par la création de nouvelles administrations et de nouveaux emplois. On les voit figurer dans les actes des villes sous les noms de présidiaux, de lieutenants royaux, de juges criminels, de sénéchaux, etc. Ils prennent part en grand nombre aux séances des conseils et y usent avec succès de leur influence. Pour peu qu'on soit familier avec l'histoire de la magistrature française, on ne s'étonnera pas qu'ils travaillassent de tout leur pouvoir au triomphe de la cause royaliste. La royauté pour eux était une institution divine ; ils y étaient attachés par tous les liens de la tradition, estimant que le devoir d'un sujet est de se soumettre sans murmure aux volontés même les moins justifiables du souverain[1]. Il est dès lors bien naturel qu'ils se missent à la tête du parti aristocratique et royaliste qui se formait en ce moment sous l'inspiration de Richelieu.

A peine, en effet, Rohan et Soubise se furent-ils déclarés contre le roi, au printemps de 1625, que nous voyons Richelieu profiter des circonstances décrites plus haut pour chercher à étouffer un mouvement qui contrecarrait tous ses plans. Il agit sur les autorités des villes, soit par l'entremise des deux députés généraux qui représentaient les protestants à la cour, soit par des ambassadeurs spéciaux, pour les décider à se prononcer contre les fauteurs de désordres, leur promettant, si elles le faisaient, de donner satisfaction à toutes leurs réclamations[2].

Ces mesures eurent un succès complet. Le corps de ville de la Rochelle déclare qu'il désapprouve l'insurrection, et envoie un député à la cour pour lui faire part de cette déclaration. L'exemple que donnait ainsi la plus puissante des villes de la Réforme, celle pour laquelle surtout on entreprenait la guerre, est suivi bientôt dans presque toute l'étendue de la zone protestante. A Montauban, à Castres, à Nîmes, etc., les huguenots

---

1. Anquez (un *Nouveau chapitre*, p. 316 et suiv.) cite sur ce point les opinions de Anne Rulman, présidial à Nîmes.
2. *Histoire véritable*, etc.

les plus influents et les plus riches, ceux qui occupaient des charges municipales, plusieurs pasteurs même, s'opposent énergiquement au parti de la guerre[1]. A ceux-ci se joignirent ceux qui, sans convictions arrêtées, étaient du parti où il y avait le plus à gagner; on les appelait *escambarlats*, épithète injurieuse qu'on infligeait, du reste, aux huguenots même les plus sincères, aussitôt qu'ils étaient soupçonnés d'entretenir des relations avec la cour[2].

Dans ces circonstances, la position de Rohan se trouvait bien changée. Il était resté étranger jusque-là aux petites dissensions qui divisaient les habitants des villes; ou même, comme à Nîmes, par exemple, il paraissait plutôt favorable à la haute bourgeoisie. Maintenant, au contraire, il était obligé de chercher un appui dans les classes populaires, qui ignoraient les tentations de l'intérêt et de la vanité, et chez qui l'enthousiasme religieux s'était maintenu aussi ardent qu'au temps de leurs pères. Son attitude dès lors, comme chef de parti, prend un caractère démagogique de plus en plus accusé, et nous ne pouvons nier qu'il ait montré plus d'une fois par la suite, dans sa manière d'agir, un défaut de mesure qui trouve peut être son excuse dans les difficultés sans nombre qu'il avait à vaincre.

On a voulu voir dans le refus des villes de prendre part à l'entreprise de Rohan et de Soubise une preuve que la majorité de la population la désapprouvait[3]. Rien n'est plus inexact; les événements qui suivirent prouvent assez que l'attitude des villes au commencement de la guerre fut déterminée par l'influence d'une minorité royaliste, tandis que la masse de la population n'attendait qu'une occasion pour prendre part à la lutte pour la religion[4].

---

1. *Mémoires* de Rohan. — *Histoire véritable*, etc.
2. *Escambarlat*, expression populaire du midi, pour désigner une personne qui se ménage des intelligences dans tous les partis sans se rattacher à aucun, ou, littéralement, qui a les jambes une de çà, une de là.
3. Voy. p. ex. *Coup d'œil sur l'histoire du protestantisme en France*, étude qui sert d'introduction à *la France protestante*, anc. éd., p. LXVII.
4. Madiane dit que le parti royaliste était « à tout peu en nombre ».

A la Rochelle le « conseil des bourgeois » se fit l'interprète de ces dispositions du peuple. Le 5 mai 1625, une députation de ce conseil, précédée des syndics procureurs, se rendit auprès du corps de ville et, par des menaces violentes, le contraignit de s'unir au parti populaire. Par suite la ville conclut, le 17 mai, un traité formel avec Rohan et Soubise[1].

Des démonstrations semblables avaient lieu en même temps, à l'instigation de Rohan et de ses amis, dans les villes du Midi, où les esprits étaient encore plus montés qu'à la Rochelle. Un certain nombre de prédicateurs cherchaient à rétablir le calme ; mais le peuple ne les écoutait pas et suivait de préférence ceux de leurs confrères qui, plus passionnés, l'excitaient à la révolte. Et ce n'était pas la religion seule qui était en péril ; le bruit courait dans la population que les royalistes en voulaient aux libertés communales, et réduiraient les villes au moyen de citadelles et de garnisons, comme ils l'avaient fait à Montpellier[2]. Les chefs du parti profitèrent habilement de ces dispositions. Les conseils généraux, qui n'avaient joué jusqu'alors qu'un rôle assez effacé dans la vie municipale, se font maintenant l'organe résolu de la volonté populaire contre les tendances royalistes des consuls et des conseillers ordinaires. Rohan et ses amis n'hésitent pas à les convoquer eux-mêmes, contrairement à la constitution, même à contraindre les autorités à le faire, sûrs qu'ils étaient du succès dès qu'ils pourraient s'adresser directement au peuple.

Nulle part la lutte des partis ne fut plus violente qu'à Montauban. Pendant plusieurs mois la ville fut ensanglantée par des émeutes et des rixes sauvages. Les passions de la rue pénétraient jusque dans les temples, où les pasteurs, également divisés, prenaient la question du jour pour texte de leurs sermons. Parmi les prédicateurs dévoués à la paix, le plus marquant était le savant Caméron, dont nous avons mentionné

1. *Ephémérides historiques de la Rochelle*, par E. Jourdan; 1re partie, p. 110. — Anquez (*un Nouveau chapitre*, appendice XI) donne le texte du traité.
2. *Histoire véritable*, etc.

l'opposition hardie aux doctrines étroites de Calvin et de Théodore de Bèze. Professeur à l'académie de Montauban depuis 1624,
il consacra son éloquence à prévenir le renouvellement des
guerres de religion. Mais le bruit des passions couvrit sa voix.
Après avoir failli périr dans une émeute où il ne dut la vie
qu'au courage et au dévouement d'une femme, il se vit forcé
de quitter la ville. Un autre pasteur, Ollier, aussi zélé dans
son opposition aux désordres, partagea le même sort. En revanche, l'influence de Michel Béraud, prédicateur violent et
agressif, allait croissant. Comme théologien, il acceptait le
dogme de la prédestination dans toute sa rigueur, et sa carrière politique nous le montre constamment animé de l'esprit
militaire du calvinisme. Déjà une assemblée populaire s'était
prononcée pour la guerre, lorsque Rohan nomma gouverneur
de la ville le marquis Saint-André de Montbrun, jeune homme
distingué par sa naissance, sa bravoure et son dévouement inébranlable à la cause protestante. Aidé de du Puy, l'ami de
Rohan, et qui, dans l'exercice de son consulat, avait acquis,
durant le siège de Montauban, la plus grande popularité, il
réussit à dompter complètement le parti royaliste. Montauban
ne tarda pas à reconnaître sans conteste l'autorité de Rohan
(mai 1625) ; c'était pour celui-ci un succès considérable, eu
égard à l'importance d'une ville si bien fortifiée, et dans une
situation si avantageuse [1]. A Castres, dès le 15 avril, une assemblée populaire s'était prononcée pour la guerre ; l'opposition
vaincue, les villes s'empressèrent de se ranger les unes après
les autres du parti de Rohan. De son côté, celui-ci ne négli-
geait rien de ce qui pouvait entraîner la population. Son premier soin, en entrant dans une ville, était de se rendre au
temple et d'y prier avec ferveur. Il rassemblait ensuite le peuple, qui, enlevé par son éloquence, vivement impressionné par

---

1. On trouve dans l'*Histoire véritable*, etc., un récit vivant et dramatique de
ces événements, ainsi que dans le *Verbal de la Case* ; Bibl. nat., fonds franç., 15823.
Pour ce qui concerne Saint-André, voy. *la France protestante*, anc. éd., art.
du Puy.

sa personnalité puissante, hésitait rarement à annuler les décisions des consuls et des conseillers royalistes[1].

Après que la plupart des villes du comté de Foix, du haut
Languedoc, du Quercy, du Rouergue et des Cévennes eurent
passé à son parti, Rohan convoqua deux assemblées provinciales,
à Castres et à Anduze (le 4 et le 25 juin 1625). Ces assemblées,
s'appuyant sur une décision antérieure de l'assemblée de
la Rochelle, le proclamèrent général des Églises réformées de
ces provinces. En même temps les membres des assemblées
firent serment de ne pas rompre le pacte protestant et de n'entamer des négociations de paix qu'en commun avec la Rochelle
et l'union protestante[2]. Dans le bas Languedoc même et dans
le Vivarais, qui ne s'étaient pas encore joints au mouvement,
la fidélité à la cause royaliste parut chanceler.

Cependant les hostilités furent suspendues pour un temps par
une tentative de Richelieu pour amener une réconciliation durable entre les huguenots et le gouvernement. Des raisons puissantes portaient le cardinal à faire la paix avec les protestants.
Les forces royales ne suffisaient pas à une double guerre, intérieure et extérieure; elles avaient subi des échecs sérieux aussi
bien en Italie que dans le Languedoc. Sur mer même, les huguenots, avec leur flotte commandée par Soubise, avaient la
supériorité. Dans l'entourage du roi, les avis étaient partagés
sur la politique qu'il fallait suivre dans ces circonstances difficiles. Par haine des huguenots, la plupart poussaient à une réconciliation avec l'Espagne, afin que l'on pût lancer toutes les
forces du royaume sur des sujets rebelles. Mais Richelieu fut

1. Benoît, *Histoire de l'édit de Nantes*, liv. II, p. 445. — Le Vassor, qui partage absolument le point de vue rationaliste du xviiie siècle, trouve la conduite
pieuse de Rohan « peu digne d'un héros » On en jugeait sans doute autrement à
cette époque, où les pratiques religieuses étaient observées avec le plus grand
scrupule. La duchesse de Rohan fut sévèrement blâmée pour avoir négligé de
se rendre au temple lors de son passage à Nîmes, en décembre 1624. — Anquez,
un Nouveau chapitre, p. 117.
2. Dans le vol. 23491 de la Bibl. nat. on trouve la copie des actes des assemblées de Castres et d'Anduze. « L'union protestante » et « la communauté des
églises » sont les désignations ordinaires de la confédération des villes protestantes; toutes celles qui en faisaient partie étaient liées par un serment
semblable.

d'un autre avis. Le gouvernement devait, dit-il, se rattacher les protestants d'une manière durable, en allant au-devant de leurs vœux légitimes et en respectant scrupuleusement les édits. Unie à l'intérieur, la France pourrait alors combattre avec succès ses ennemis du dehors. C'est dans ces vues que Richelieu invita les protestants à demander la paix en envoyant des députés à la cour[1].

Les huguenots, affaiblis par leurs divisions intestines, effrayés des maux que la guerre entraîne, étaient assez enclins à entrer dans les projets du cardinal. Aussi Rohan, Soubise et un certain nombre de communes et de provinces protestantes envoyèrent-ils, en juillet 1625, des délégués à Fontainebleau, où les négociations furent continuées pendant tout un mois. Les obstacles à vaincre étaient grands, car le parti catholique, qui comptait à la cour des adhérents nombreux et influents, faisait tout pour empêcher une réconciliation. Mais Richelieu resta fidèle à son plan. Nous avons de lui un mémoire écrit vers cette époque, et où il expose avec chaleur ses vues sur cette question : « Le dessein, » y lisons-nous entre autres, « qu'il semble qu'on ayt eu de vouloir ruiner les huguenots s'est rendu si visible et leur défiance si fommentée par les poinctilles que l'on continue de leur faire tous les jours, qu'il ne faut point s'étonner si leurs allarmes durent tant que cela durera, et que l'estat ne se trouve tousjours embarrassé tant que l'on ouvrira la porte à de telles caballes; lesquelles cessant, et établissant un ordre pour laisser vivre un chacun dans le repos de sa conscience, il est certain que le royaume jouira d'une tranquillité publique ainsi qu'au règne de Henri IV. » Ensuite, le cardinal peint la puissance et la grandeur qui seraient le partage de la France, aussitôt la paix intérieure rétablie[2]. Rohan pense à cet égard comme Richelieu, et rien ne lui paraît plus désirable que

1. Mémoire baillé au sieur de Bellujon, 25 mai 1625 : *Lettres et papiers d'État du cardinal de Richelieu*, publiés par M. Avenel.
2. Ce papier d'État, d'une haute importance par le jour qu'il jette sur la politique de Richelieu, a été publié par M. S. Rawson Gardiner, d'après un manuscrit conservé dans le English Record Office, dans la *Revue historique*, 1876, t. I.

la perspective de servir son pays dans une guerre contre l'Espagne, une fois que la liberté et le repos seraient assurés aux Églises protestantes. « Je désire la paix, » écrit-il à un des délégués, « et il la faut avoir. Le bien du Royaume et l'instance du Roy d'Angleterre nous doibt faire relascher [1]. »

Enfin, dans les derniers jours de juillet, on tomba d'accord sur un traité de paix qui, toutefois, ne devait entrer en vigueur qu'après avoir reçu l'approbation de la Rochelle et des communes du Languedoc. Ce projet, bien que peu favorable aux protestants, ne rencontra qu'une faible opposition chez ces dernières [2]. A la Rochelle, en revanche, le peuple n'était pas si favorablement disposé, parce que, malgré tous leurs efforts, les députés n'avaient pas pu obtenir de plus sûre garantie de la destruction du fort Louis qu'une promesse orale du roi. Cependant, là aussi, les propositions de la cour furent prises en sérieuse considération, et on croyait déjà pouvoir faire accepter la paix au peuple, quand survint tout à coup un événement qui réduisit à néant toutes les espérances de conciliation.

Confiants dans l'armistice qui régnait depuis le commencement des négociations, un grand nombre d'habitants s'étaient rendus hors des murs pour faire la moisson. Ils furent attaqués par Toiras, l'un des chefs de l'armée royaliste, poussé, dit-on, à cette violation par le prince de Condé, qui, jadis rebelle, s'était rallié à la cour et était devenu un des chefs les plus ardents du parti catholique. Les royalistes tuèrent une partie des paisibles moissonneurs, en firent d'autres prisonniers et mirent le feu à la moisson. Outrés de cette trahison, les habitants de la Rochelle prirent les armes et pointèrent leurs canons sur l'armée ennemie. Ils rejetèrent en même temps le traité de paix, déclarant qu'ils ne voyaient plus d'espoir de salut que dans une résistance énergique (20 août [3]). A peine ces événe-

---

1. Rohan à Maleray, 24 aoust 1625. Voy. *Documents inédits*, I.
2. La décision prise, en présence du duc de Rohan, par l'assemblée de Castres d'accepter la paix, est datée du 24 août 1625. Bibl. nat., fonds franç., 23491.
3. English record office, S. P., France. Lorkin to Conway, 21 Aug. 1625 (n. st.). — Délibération de la Rochelle, 20 août (n. st.) 1625 ; Gardiner, *A history of England*, 1624-1628, t. I, p. 303.

ments furent-ils connus à la cour, que, là aussi, les dispositions belliqueuses se réveillèrent. Il ne fut plus question de
paix. « *On ne parle que d'achever de ruiner tout*, toutes
autres affaires postposées à cette résolution, » écrit-on de Fontainebleau [1].

Richelieu, qui savait par expérience combien il est difficile
de faire prévaloir les vues même les plus sages contre les cou-
rants d'idées qui entraînent les masses, paraît avoir renoncé
depuis ce moment à toute pensée d'accommodement avec les
huguenots. Il était désormais décidé à remettre l'exécution de
ses grands projets contre l'Espagne jusqu'après l'entière soumission des protestants. Mais, de leur côté, Rohan et ses amis
étaient résolus à défendre jusqu'à l'extrémité les droits de l'É-
glise réformée, et l'on put voir, peu après la rupture des négociations, quel puissant appui ils trouvaient encore chez leurs
coreligionaires.

La ville de Nîmes, importante par le chiffre de sa population,
sa situation au centre du bas Languedoc et les défenses dont
elle était munie, avait longtemps résisté à toutes les sollicitations de Rohan la pressant de se joindre à lui. Là, comme à
Montauban et dans d'autres villes, les vrais chefs de l'opposition étaient les fonctionnaires royaux, et parmi eux, en première
ligne, l'avocat général Rostang Rozel. A ceux-ci se joignaient
les consuls et le conseil, à qui le souvenir du régime démagogique sous lequel ils avaient gémi pendant la dernière guerre
faisait craindre tout renouvellement des hostilités. Parmi les
prédicateurs enfin, le pasteur Faucher ne cessait d'exhorter le
peuple à la patience dans l'épreuve : « Prions Dieu, dit-il dans
un de ses sermons, qu'il touche le cœur du roi et le remplisse
d'amour envers nous. Nous devons implorer la clémence de
Sa Majesté, nous présenter devant elle en suppliants, ne nous
lasser jamais de lui représenter le mal qui nous est fait, nous
tenir sur la défensive, et ne nous fier trop au bras de la chair. »

---

1. M. de la Touche à M. le secrétaire Conway. Eng. Rec. Office, S. P., France.

Mais à Nîmes même le parti de la paix était trop peu nombreux pour résister longtemps à la volonté du peuple. Quelques nobles, et parmi eux Louis d'Aubais, d'une des premières familles du pays[1], se mirent à la tête du parti populaire, et trouvèrent un puissant auxiliaire dans le prédicateur Vellieu, un de ces esprits inquiets et frondeurs comme nous en avons déjà rencontré quelques-uns parmi les ministres. Catholique converti, il avait embrassé la cause réformée avec le zèle d'un néophyte. On le voit bientôt figurer parmi les huguenots mécontents, et son éloquence, son énergie ne tardent pas à en faire un des chefs de parti les plus écoutés de Nîmes. Il cherchait dans ses sermons à détourner les fidèles de la voie de prudence et de modération que son confrère Faucher les engageait à suivre; il les exhortait à s'attacher à Rohan et à Soubise, à faire comme avaient fait Castres et Montauban : « Quelque promesse qu'on pût faire, dit-il, nous ne retirerions de notre dévouement envers la cour d'autre bénéfice que celui d'être mangés les derniers. » Les scènes violentes qui avaient eu lieu à Montauban se répètent à Nîmes pendant l'été de 1625 ; mais dès le mois de septembre l'avantage reste au parti populaire[2], et peu après Rohan se rend en personne à Nîmes pour achever la déroute de la faction royaliste. Accueilli par la population aux cris de : Vive Rohan ! il fit adopter ses projets dans une assemblée populaire, malgré l'opposition des consuls et des magistrats (10 novembre). Entre autre résolutions graves, prises alors, il faut en citer une surtout, qui annulait entièrement le pouvoir du conseil. C'était la création par Rohan d'un conseil extraordinaire composé de seize membres, et qui, sous le nom de « Bureau de direction », gouverna la ville avec un pouvoir presque illimité[3]. La plupart des villes du bas Languedoc et du

1. *La France protestante*, anc. éd., art. Baschi.
2. Il fut déclaré à une députation envoyée par Rohan et l'assemblée provinciale des Cévennes, que la ville soutiendrait par tous les moyens les projets de Rohan. Délibération du 9 septembre. Bibl. nat , fonds Doat, 258.
3. M. Anquez (*un Nouveau chapitre*, ch. IX et XI) donne, d'après les « narrations » d'Anne Rulman, manuscrit conservé à la bibliothèque de Nîmes, un grand nombre de détails intéressants sur les événements de Nîmes en 1625

Vivarais suivirent l'exemple de Nîmes et se rattachèrent ainsi à Rohan. Il se retrouvait donc, comme en 1622, maître absolu de presque toute la vaste et fertile région qui s'étend entre le Rhône et le Tarn [1].

Tandis que s'agrandissait la portion du territoire dévouée à l'union protestante, les efforts du gouvernement pour étouffer l'insurrection restaient sans résultat décisif. En Languedoc les troupes royales rencontraient, même devant des places de second ordre, une résistance opiniâtre, et elles durent finalement se retirer après une campagne inutile. Soubise, il est vrai, fut battu sur terre et sur mer, les 16 et 17 septembre [2], dans les environs de La Rochelle, par suite de la négligence des habitants; mais l'armée royale était trop faible pour entreprendre le siège de cette place. Richelieu ne pouvait espérer de s'emparer de La Rochelle qu'en lui enlevant l'appui des autres villes protestantes. Il savait que, las de la guerre, les huguenots désiraient généralement la paix, et que, dans les villes même où prévalait l'autorité de Rohan, une faction mécontente, composée d'hommes influents, ne demandait pas mieux que de favoriser ses vues. C'est pourquoi il chercha à diviser le parti en proposant aux huguenots la paix, à condition que La Rochelle n'y serait pas comprise [3]. Bouffard de Madiane, naguère l'ami intime de Rohan, fut un des plus zélés dans ses efforts pour amener la réalisation de ce plan. Il avait séjourné à la cour, durant les précédentes négociations, en qualité de député du haut Languedoc, et il y avait été à même d'entendre Richelieu exposer ses projets politiques. Enthousiasmé par la hauteur de ces vues, séduit aussi peut-être par les faveurs de la

---

Nous ne pouvons mieux faire que de renvoyer le lecteur à cette vive peinture, en observant toutefois que M. Anquez paraît avoir été conduit par les appréciations toutes royalistes de Rulman à estimer trop peu les motifs qui inspiraient la conduite des chefs du parti populaire.

1. Délibérations de Nîmes du 10 au 12 novembre. Fonds Doat, 258. M. Anquez, loc. cit.

2. Cette victoire livra au roi des îles de Rhé et d'Oléron.

3. « Le principal but du conseil du Roy est de destacher La Rochelle de ceux de la religion » lit-on dans une lettre adressée en Angleterre en date du 11 oct. 1625 (n. st.). Engl. rec. off. S. P. France.

cour, il s'était rapproché du parti royaliste; c'est lui qui se charge de transmettre à l'Assemblée provinciale de Castres les offres de Richelieu, et qui les y fait accepter (le 26 octobre)[1]. Rohan sut cependant empêcher la réussite du projet. Il réunit à Milhaud, le 1er novembre, des députés de tout le pays qui lui était soumis; ceux-ci décidèrent, en sa présence, qu'en aucun cas on n'abandonnerait La Rochelle, et qu'on resterait invariablement fidèle à l'union protestante[2]. Cette résolution fut communiquée à la cour par neuf députés. Richelieu chercha en vain à les intimider par une attitude menaçante, et à leur arracher ainsi des concessions; mais, même alors, il ne renonça pas à son plan[3]. Il comptait sur le découragement qui régnait parmi les protestants du haut Languedoc, la province la plus éprouvée par les dévastations de la guerre. Au mois de décembre, il envoya de nouveau Madiane à Castres pour y faire annuler la décision prise à Milhaud. Celui-ci, appuyé de quelques amis, réussit en effet, le 24 décembre 1625, à faire accepter au conseil ordinaire les offres de la cour[4]. Peu après, l'assemblée provinciale du haut Languedoc et une vingtaine de villes de la province se rangèrent à cette résolution. Déjà l'on triomphait à Fontainebleau de la chute du parti huguenot; on y espérait même pouvoir ébranler la fidélité de Rohan[5]. Mais

1. *Mémoires* de Madiane, seconde guerre. *Extraits*, etc., *de Castres*. Bibl. nat. 23491.
2. Lettre de l'assemblée de Milhaud. MM. Montmartin et Maniald (3 nov.). Eng. Rec. Off. S. P. France (cop.). On trouve la décision dans le recueil des délibérations de Nîmes. Bibl. nat. fonds Doat 258.
3. On trouve dans les rapports des agents anglais de nombreux renseignements sur les tentatives du gouvernement d'agir sur les députés du Languedoc et sur les délégués qui arrivaient en même temps de La Rochelle. Dans l'audience qu'il accorda aux premiers, le roi dit d'un ton irrité: « je veux bien donner la paix, mais non pas à La Rochelle », et à la demande d'audience qui lui fut faite de la part des délégués de La Rochelle, il répondit: « non, non, non! », « but with such indignation », dit Augier, « shaking his head and stretching out his armes, as it is beyond the expression of words to represent ». — Le cardinal lui-même déclara devant quelques députés, que les huguenots ne devaient pas espérer la paix, que La Rochelle ne se fût rendue à merci. — Lettres d'Augier et de Vic. Engl. Rec. Off. S. P. France.
4. *Extraits*, etc. de Castres, Bibl. nat. fonds franc. 23491. Déclaration des motifs et raisons qui ont obligé M. le duc de Rohan à constituer prisonniers quelques-uns des habitants de la ville de Castres; fonds franc. 4102, fol. 157.
5. Plusieurs messagers lui furent envoyés avec des offres généreuses. Sa femme même, qui pour l'ordinaire secondait chaleureusement ses projets politiques, chercha cette fois à l'influencer dans le même sens. On trouve des détails à ce sujet dans plusieurs lettres conservées Engl. Rec Off. S. P. France.

celui-ci résista à toutes les tentatives de corruption. Il se rendit à Castres, à la tête d'une troupe, et y traita les royalistes
avec une rigueur qui lui fit bien des ennemis, mais qui était
certainement le seul moyen de rendre à l'union protestante la
force et la cohésion. Le 6 janvier 1626, il invita les habitants à
se réunir en armes sur la « place des Ormeaux. » Il s'y présenta
devant eux, complètement armé, et les conjura, en termes
émouvants, de rester fidèles à La Rochelle et à l'union protestante, quelques maux qu'il en pût résulter pour eux. Il leur
représenta en même temps les suites funestes qu'aurait une
décision comme celle que la ville venait de prendre, et ce qu'il
y avait de perfide dans la conduite de ses adversaires. Il obtint
un succès complet ; le peuple rejeta la résolution du 24 décembre, et se déclara décidé à ne jamais accepter de paix qui
ne comprît toutes les villes unies. Là-dessus, Rohan fit arrêter
et emprisonner les chefs du parti royaliste, entre autres Le Roy,
un des premiers magistrats, et le pasteur Josion, qui depuis
fut un de ses adversaires les plus acharnés [1]. Ces mesures
énergiques rétablirent l'union dans le parti protestant, et la
décision de ne pas abandonner La Rochelle fut confirmée peu
après, dans une assemblée générale tenue à Castres [2]. Ainsi,
le plan de Richelieu, loin d'affaiblir le parti en le divisant, ne
fit que le rendre plus fort.

A cette époque, les espérances et les vœux des huguenots
se tournent de plus en plus vers la protestante Angleterre ; c'est
de ce puissant État qu'ils attendent secours et protection. Ils
étaient restés en relations constantes avec lui depuis les premières guerres de religion, et les sympathies du peuple anglais
pour eux n'étaient pas refroidies. Les Anglais avaient vu avec

---

1. On trouve à la Bibl. nat. fonds franç. 23491, fol. 51, 52, 53 et 58, et 4102
fol. 157, d'intéressants détails sur les événements de Castres au commencement
de l'année 1626. La décision du 24 décembre avait été rejetée déjà par les assemblées populaires du 4 et du 5 janvier, et ce fut le refus des magistrats d'ap-
prouver ce rejet qui causa les événements racontés plus haut (*Documents
inédits*, II)

2. Cette assemblée, composée de députés de toutes les villes unies du Midi,
se réunit d'abord à Milhaud, mais ensuite à Castres. Sa résolution est datée du
10 janvier. English Record Office. S. P. France.

défaveur les négociations entamées par leur gouvernement, en 1624, avec la cour de France. La part qu'à l'instigation de Richelieu la marine anglaise avait prise à la défaite de Soubise avait soulevé en Angleterre une indignation générale. Le gouvernement de Charles Ier ne pouvait regagner sa popularité qu'en intervenant entre la cour et les huguenots, soit pour négocier la paix, soit pour soutenir énergiquement ces derniers dans leurs revendications [1].

Le rapprochement entre l'Angleterre et les huguenots datait d'un certain temps déjà. Après sa défaite, Soubise avait trouvé dans ce pays un refuge pour lui-même et sa flotte. Quelque temps après, les habitants de La Rochelle, effrayés de l'attitude menaçante du gouvernement, envoyèrent à Londres des députés chargés, entre autres, de déclarer que, si l'Angleterre secourait la ville, celle-ci ne souscrirait à aucune condition de paix sans le consentement de son alliée [2]. En même temps les agents anglais en France cherchaient à raffermir le courage des huguenots, en les assurant des vives sympathies du roi Charles. Enfin, au commencement de 1626, le gouvernement anglais envoya comme ambassadeurs en France les lords Holland et Carleton pour travailler par tous les moyens à la conclusion de la paix. Richelieu accepta leur médiation. Ils conférèrent fréquemment avec les ministres, d'une part, avec les huguenots de l'autre, et obtinrent des deux côtés des concessions importantes. La plus grande difficulté gisait dans la question du fort Louis [3]. Les députés de La Rochelle insistaient sur sa démolition comme garantie essentielle de sécurité pour leur ville,

---

1. Un des hommes d'État les plus habiles du temps écrit de Londres à Axel Oxenstjerna : « Nihil est quod populus in Anglia æque expetat quam Rupellanorum et eorum qui ejusdem religionis in Gallia sunt conservationem et incrementum. Hæc res sola multitudinem delinire et ad quævis præstanda obsequentem et promptam reddere valet, et in amorem et benevolentiam erga suos Rectores devincire potis est. » *Mémoires de Rusdorf*, part. II , p. 169. Les causes du refroidissement survenu entre les cours de France et d'Angleterre sont clairement et complètement exposées dans l'Histoire d'Angleterre, de M. S. Rawson Gardiner, 1624-1628 (London 1875), chap . X.

2. Mémoires et instructions pour MM. Desherbier, Salbert et Goyer, 30 décembre 1625. Engl. Rec. Off. S. P. France .

3. Voir, p. ex ., la dépêche de De Vic à lord Convay, 18 nov. 1625.

tandis que Richelieu se refusait obstinément à toute concession
à cet égard.

Enfin le gouvernement se décida pourtant à donner une promesse orale de faire raser le fort « en temps convenable, » si
les huguenots demeuraient dans l'obéissance; les députés, cédant, bien qu'à contre-cœur, aux instances des envoyés anglais,
se contentèrent de cette promesse [1]. Le 5 février, fut conclu un
traité de paix qui, du reste, différait très peu de la paix de
Montpellier [2]; ce traité fut ratifié par les communes protestantes, dans le courant du mois de mars [3].

C'était donc dans l'espoir de pouvoir compter à l'avenir sur
l'appui de l'Angleterre, et pour lui plaire, que Rohan et ses
amis acceptaient la paix. Il représente dans ses *Mémoires* que
le principal avantage que les huguenots retiraient du traité
était d'avoir obtenu l'intervention de l'Angleterre et sa garantie
pour le maintien de la paix. Dans une lettre adressée, à cette
époque, aux ambassadeurs anglais, il exprime sa joie de ce
que les huguenots pouvaient compter sur le secours de l'Angleterre contre leurs ennemis, et y témoigne pour le souverain
de la Grande-Bretagne une « inviolable affection » avec le désir
de lui rendre « soubs le bon plaisir de nostre Roy tous les
devoirs et très humbles services qui dépendent de nostre pouvoir. » Nous retrouvons des expressions presque identiques

---

1. Ce qui paraissait surtout important aux yeux des huguenots, c'était une
promesse écrite « que le roi de la Grande-Bretagne travaillera par ses inter-
cessions pour abréger le temps de ladite démolition » *Ecrit donné par les ambassadeurs d'Angleterre aux députés des églises pour rendre le roy de la Grande-
Bretagne garant de la paix*, 2 février, publié par Benoit dans son *Histoire de
l'édit de Nantes*, L. II. — Cf. Franzosische Geschichte de L. Von Rancke, t. II,
p. 226. — On trouve dans Benoit l'édit de paix. Les conditions spécialement
accordées à La Rochelle sont énumérées dans les mémoires de Richelieu, l. XVII.

2. Les protestants tâchèrent aussi de faire accorder des avantages à Montpellier, mais le gouvernement repoussa catégoriquement toute proposition en ce
sens. L'envoyé de la Hollande d'Aersens, habile diplomate et tout dévoué à l'idée
d'une grande ligue contre l'Espagne, contribua beaucoup par ses efforts à la conclusion de la paix. Voici deux lettres très curieuses d'Aersens au cardinal de
Richelieu publiées dans les *Archives* de la maison d'Orange-Nassau par Groen
von Prinsterer. Séa. II, tome 3.

3. Le bas peuple de plusieurs villes, surtout de Nîmes et de Montauban, voyait
avec défiance les négociations de paix. Des mouvements démagogiques, causés
par les irritations contre les (escambarlats), menacèrent d'éclater en plusieurs
lieux, mais Rohan et ses amis réussirent à les conjurer. Voyez Anquez. Un nouveau
chapitre (ch. XII). Seul Brison, qui commandait dans le Vivarais, refusa de ra-
tifier le traité, et conclut ensuite avec le gouvernement un traité particulier.

dans plusieurs lettres adressées, vers le même temps, à la cour d'Angleterre [1]. Mais en se mettant ainsi sous la protection de l'étranger, les huguenots rendaient encore plus impossible une réconciliation véritable avec le gouvernement français; ils ne paraissent pas, du reste, eux-mêmes convaincus de s'être assuré, par cette paix, un repos durable [2].

Richelieu, de son côté, n'avait vu dans la paix qu'un moyen d'échapper aux embarras du moment. Il avait abusé l'Angleterre et les autres ennemis de l'Espagne par la promesse d'employer toutes les forces du royaume contre cette puissance, aussitôt la paix conclue avec les huguenots. Aussi l'Europe apprit-elle bientôt avec étonnement que la France avait fait la paix avec l'Espagne, et, peu après, qu'une alliance offensive et défensive était conclue entre les deux pays. Richelieu avait joué double jeu dans le but de procurer à la France, au moins de frais possible, la tranquillité du dedans et du dehors, et personne ne doutait plus qu'il n'en profitât pour préparer une lutte décisive contre les protestants [3].

Les vastes combinaisons par lesquelles on avait espéré abaisser la puissance de l'Espagne avaient donc échoué par suite des troubles intérieurs de la France [4], et on avait pu se convaincre du grand poids qu'avaient, dans la direction imprimée aux affaires européennes, la situation politique des huguenots. Aussi attendait-on avec un intérêt qui n'était pas sans anxiété, de voir dans quel sens se déciderait, en définitive, le sort du protestantisme français.

---

1. English Record Office. S. P. France. — (*Documents inédits, III.*)
2. On lit dans une lettre de Soubise, du 6 février 1626 : « Je crains bien qu'en l'exécution il s'y trouvera beaucoup de manquements ». Engl. Rec. Off. S. P. France.
3. Dans ses mémoires, Richelieu dit qu'il a fait la paix avec les hugue.....t., « pour attendre plus commodément le temps de les réduire aux termes où tous sujets doivent être en un État) c'est-à-dire de ne pouvoir faire aucun corps séparé et dépendre des volontés de leur souverain. »
4. L. v. Rancke. Französische Geschichte, vol. II p. 241.

III

Après la paix de Paris, Richelieu, qui, dans l'accomplissement de ses grands desseins politiques, ne fut jamais scrupuleux
sur le choix des moyens, poursuivit sans relâche son plan d'affaiblir le parti huguenot. Le gouvernement n'agit pas d'abord
d'une manière directe; mais des hommes qui tenaient de près
à la cour, et qu'on peut regarder comme les instruments du
cardinal, reprirent avec ardeur la lutte contre les protestants.
Le plus marquant d'entre ces hommes était Gilles Le Masuyer,
premier président au parlement de Toulouse. Un de ses confrères le peint comme « ne reculant devant aucune extrémité,
violent dans ses sentiments, laconique et précis dans ses discours ». Il était peu aimé de son entourage, et ses amis politiques eux-mêmes se méfiaient de lui, mais son dévouement à la
cause royale et catholique, en même temps que sa haine im-
placable contre les protestants, lui avaient acquis toute la faveur de la cour. A la fin des guerres de religion, on disait de
lui qu'il avait plus fait pour la ruine du parti réformé par ses
intrigues, ses espions et ses persécutions, que le roi avec ses
armées [1].

Aussitôt après la conclusion de la paix, il agit d'une manière
bien propre à éveiller l'inquiétude et la crainte parmi les protestants. C'est ainsi que lorsqu'au mois d'avril l'édit de paix fut
enregistré par le parlement de Toulouse, Le Masuyer y fit introduire des modifications qui le rendaient moins favorable aux
protestants. Ceux-ci se plaignirent et pressèrent à plusieurs
reprises le parlement d'enregistrer l'édit sans y rien changer;
mais Le Masuyer ne céda que le moins possible [2]. C'est ainsi

1. Cramondus, *Historiarum Galliæ libri XVIII*, édition de Francfort et Leipsig
1674, p. 750, 791. Entre autres faveurs que reçut Le Masuyer, il fut appelé par
Richelieu à l'assemblée des notables, 1626-27. — « C'est un homme auquel il
ne faut point se fier », lit-on dans une lettre de Samuel à Pierre de Lacger, datée
de Paris, le 27 mai 1626, collection de M. Charles Pradel.
2. *Mercure français*, tome XII, p. 651. — *Inventaire des archives du parlement
de Toulouse.*

qu'il fut fait de nombreuses restrictions à l'amnistie générale promise aux huguenots ; un grand nombre d'ordres d'arrestation furent lancés pour des délits commis pendant la guerre, et le Languedoc fut bientôt rempli de fugitifs cherchant à se soustraire aux poursuites dont ils étaient l'objet. L'édit fut violé sur bien d'autres points ; des temples changés en églises catholiques ne furent point rendus aux huguenots ; l'exercice de la religion réformée ne fut pas rétabli là où il aurait dû l'être, et des biens enlevés aux protestants restèrent aux mains de leurs ennemis [1]. Rohan adressa à Louis XIII des plaintes pleines d'amertume et de douleur. La dernière qu'il écrivit au roi, demeura sans réponse [2].

Le Masuyer s'attacha tout particulièrement à rechercher les traces des relations que les huguenots avaient entretenues avec l'Espagne pendant la dernière guerre. En effet, tout opposés que fussent leurs buts, l'intérêt du moment avait rapproché les huguenots et l'Espagne. Vers la fin de la guerre, Rohan avait envoyé en Espagne un gentilhomme, La Rousselière, accompagné d'un officier, Camprédon, et d'un soldat, Moyse, pour s'y ménager des intelligences. Cette mission, dont les détails sont restés fort obscurs, ne paraît avoir conduit à aucun résultat important [3]. A la paix, les envoyés, confiants dans l'amnistie, crurent pouvoir rentrer en France. Campredon et Moyse furent aussitôt arrêtés par les agents de Le Masuyer : le premier périt sur l'échafaud, Moyse fut envoyé aux galères. « La haine de Le Masuyer pour les huguenots était telle, » dit un historien à ce sujet « qu'il ne craignait pas de manquer à sa parole, s'il pouvait par là leur faire du mal [4] ». Bien longtemps encore les poursuites à l'occasion de la « négociation espagnole », entretinrent

1. Benoît, *Histoire de l'édit de Nantes*, t. II, p. 473. — *Correspondance de Pierre de Laeger*, collection de M. Charles Pradel.
2. (*Documents inédits*, IV.)
3. Lewis, agent anglais en France, dit de cette mission que ce n'était qu'une cérémonie « only a ceremony » Eng. Rec. Off. S. P. France.
4. Gramondus, ouvr. cit., liber XIV. Le jugement était en apparence légal puisque, le 6 avril, l'édit n'était pas encore enregistré. Gramond et après lui Le Vassor disent à tort que l'édit fut enregistré le lendemain du jugement. L'édi. ne fut enregistré que le 22 avril, et, dans une lettre du 15, Le Masuyer dit ne

l'inquiétude parmi les huguenots. Un grand nombre de personnes furent décrétées d'arrestation et des visites domiciliaires furent faites chez plusieurs membres influents du parti populaire. Cependant le plus grand nombre des personnes poursuivies purent se dérober par la fuite à la vengeance de Le Masuyer [1].

Par suite des persécutions, les principaux partisans de Rohan avaient dû quitter Castres et Montauban, tandis que les royalistes fugitifs y étaient rentrés. En profitant habilement de cette circonstance et en prodiguant les promesses de faveurs et de récompenses, Le Masuyer réussit à y reconstituer le parti royaliste. Le jeune Madiane, entre autres, se laissa entraîner par ses caresses et ses flatteries à passer définitivement du côté des royalistes; il devint leur véritable chef à Castres. Il se lia avec le juge Lacger, le lieutenant Le Roy. l'avocat général Rozel et d'autres ennemis de Rohan; il leur déclara qu'il avait à jamais rompu avec celui-ci, et qu'il était entièrement dévoué à la cause royaliste. Il s'adressa encore une fois à son ancien protecteur, mais pour l'engager par de brillantes promesses à abandonner son parti. Rohan repoussa ces offres, et, de son côté, chercha, tantôt par des supplications, tantôt par des menaces, à amener Madiane à renouer leurs anciennes relations, mais ce fut en vain. Leur inimitié ne fit dès lors que croître : Rohan voyait avec douleur au nombre de ses adversaires un homme auquel il avait été lié par une sincère affection [2]. Un fait, entre beaucoup d'autres, prouve combien le parti royaliste était devenu puissant à Castres sous la direction de Ma-

l'avoir reçu que la veille. Ce fait peut atténuer en quelque mesure la réprobation qu'inspire sa conduite en cette affaire. *Inventaire des archives du parlement de Toulouse; Le Masuyer à Pierre de Lacger*, collection de M. Ch. Pradel.

1. Dans un synode provincial réuni à Réalmont, il fut décidé, sur la sommation de Le Masuyer, qu'une commission inquisitoriale serait instituée pour poursuivre les pasteurs réformés qui auraient pris part à des complots contre le gouvernement. Cette décision fut cassée par le synode général de Castres, vu, disait-on, qu'elle n'avait été prise qu'à contre-cœur et sous une pression du dehors. — Actes du synode de Réalmont; correspondance de Pierre de Lacger; collection de M. Ch. Pradel.

2. Une lettre de Madiane à P. de Lacger, en date du 12 sept. 1626, respire la haine la plus violente contre Rohan. Voyez du reste, *Mémoires de Madiane, passim*.

diane et de ses amis, c'est que le conseil décida d'empêcher Rohan par tous les moyens possibles d'entrer dans la ville [1]. Le gouvernement pouvait dès lors compter sur Castres plus que sur toute autre cité protestante [2].

Les royalistes s'étaient relevés aussi à Montauban depuis que Du Puy, accusé de participation à la négociation espagnole, avait dû quitter la ville [3]. Là, c'était le lieutenant d'Escorbiac, un des instruments les plus dociles de Le Masuyer, qui les dirigeait. Il réussit à faire introduire dans la constitution de Montauban une modification qui caractérise bien la situation des villes réformées à ce moment. En effet, sous le prétexte de prévenir les désordres, les assemblées générales furent abolies, et à leur place on institua un conseil de 90 personnes. Cette décision fut prise dans une séance où les royalistes étaient en nombre; et pourtant l'influence de leur parti était si peu affermie, qu'ils se virent forcés de nommer plusieurs amis de Rohan membres du conseil des quatre-vingt-dix [4].

Cependant Rohan, qui, après la paix, s'était retiré à Nîmes, y vivait dans une tranquillité apparente, occupé de bâtisses et de plaisirs. Il n'était pourtant pas inactif. Ses agents parcouraient le Languedoc, et sa maison était devenue le centre de réunion d'un grand nombre de mécontents et de réfugiés. On y rencontrait l'énergique et incorruptible Du Puy, La Milletière, violent et inconsidéré, l'éloquent prédicateur Roussel, et La Rose, gentilhomme que ses ennemis avaient honteusement chassé de Castres. Mais Rohan estimait par dessus tout le dévouement de Louis d'Aubais. C'était une de ces nobles âmes qui se maintiennent pures et sans reproche au milieu des orages de la guerre civile; il commandait le respect à ses ennemis même.

1. *Extraits*, etc., délibération du 7 juillet. Bibl. nat. fonds franc. 23491.
2. Dans une assemblée secrète des royalistes, on ne comptait pas moins de 50 à 60 « habitants notables; » on peut conclure de là la force du parti.
3. Du Puy fut absous par le conseil d'état, mais le parlement de Toulouse déclara que les mesures décrétées contre lui recevraient pourtant leur exécution. *Extraits*, etc.; *inventaire des archives du parlement de Toulouse*.
4. Archives municipales de Montauban, livre jaune.
5. Lettre de Maniban, fonds franc. 1582?, fol. 230.

4

Profondément dévoué à sa religion il avait pour Rohan une
amitié à toute épreuve. Il lui avait rendu de grands services
pendant la guerre, et depuis il était resté à ses côtés, augmentant la force du parti par la considération dont il jouissait à
Nîmes. On put voir combien l'influence de Rohan était solide-
ment établie dans la ville lorsqu'au mois d'août, les magistrats
ayant fait arrêter un de ses partisans, nommé Millet, celui-ci
fut délivré par les gens de la maison de Rohan, et que le présidial ne put parvenir à décider les consuls et le conseil à faire
procéder contre les coupables. On vit aussi dans l'agitation qui
se produisit alors, avec quel empressement le peuple saisissait
tout pretexte de faire opposition aux fonctionnaires royaux [1].

A la Rochelle, la lutte recommença à l'occasion d'une clause
du traité qui abolissait le conseil des bourgeois et ramenait la
constitution à ce qu'elle était avant 1610. Les habitants n'a-
vaient accepté cette condition qu'à contre-cœur, et lorsque, au
mois de mai, deux commissaires royaux vinrent à la Rochelle
pour dissoudre le conseil, il s'en fallut peu qu'un soulèvement
général n'éclatât. Le peuple prit les armes et la ville se couvrit
de barricades. Cependant les royalistes s'étaient ressemblés, et
conduits par le maire, ils réussirent à rétablir l'ordre et à faire
exécuter le changement de constitution. Mais ce succès ne fut
que de courte durée, et bientôt le conseil des bourgeois recommença à se réunir [2]. — Cependant on attendait vainement à
la Rochelle que le gouvernement accomplît sa promesse de
raser le fort Louis. Des députés envoyés à la cour pour rappeler
cet article, revinrent avec la réponse qu'il ne fallait compter sur
rien que sur ce qui était écrit [3]. Les intentions du gouvernement
devinrent encore plus évidentes lorsqu'il fit élever dans l'île de
Rhé, aux portes de la Rochelle, deux nouvelles forteresses, menaçant le commerce et la navigation. Ainsi emprisonnée, la Ro-

---

1. *Registre des délibérations de Nîmes*, 16-18 août 1626. Bibl. nat. fonds Doat,
258.
2. *Mercure français*, t. XII, p. 450. — *Dupont, Histoire de la Rochelle*, p. 336.
3. « On nous a franchement dict que nous ne devons rien demander ny espérer
au delà de ce qui estoit écrit. » Lettres des députés de la Rochelle à la cour de
France, du 8 et du 15 avril. Engl. Rec. Off. S. P. France.

chelle appelait de tous ses vœux la délivrance et tournait ses regards vers le roi d'Angleterre pour lui rappeler qu'il avait promis de se porter garant de la paix, et pour solliciter sa médiation.

C'est à ce moment de trouble, où dans toute la France protestante les esprits étaient en proie à une douloureuse anxiété, que se réunit à Castres un synode national des églises réformées. Bien que ce synode n'eût le droit de traiter que des questions purement ecclésiastiques, on se doutait bien que les affaires politiques qui occupaient toutes les pensées, n'y seraient pas entièrement omises[1]. Aussi se préparait-on à la lutte dans les deux camps. Rohan avait décidé plusieurs provinces à choisir leurs députés parmi ses amis; il rédigea un manifeste où il repoussait les accusations portées contre lui à Castres, et il assura par écrit l'assemblée de sa fidélité inviolable à la cause de ses coreligionnaires[2]. Le gouvernement, de son côté, envoya comme commissaire au synode Auguste Galland, fonctionnaire protestant qui jouissait d'une grande considération parmi ceux de la religion. Personne ne représentait mieux que lui les tendances dominantes parmi les protestants royalistes. Éminent par son érudition, ses mémoires sur l'histoire de France sont encore aujourd'hui très estimés. Ses études historiques et sa position comme membre du conseil du roi, lui avaient inspiré pour le pouvoir royal un respect qui tenait presque de l'adoration.

« Les princes, » dit-il dans un de ses écrits, « ont esté establis pour le commandement, les subjects pour l'obéissance..... je ne donne aux sujets que les larmes, les prières, la fuite, la patience, la rébellion et l'usage des armes ne leur estant aucunement permis. Toutes actions du subject esloignées de

---

1. Les protestants avaient toujours fait une profonde distinction entre leurs assemblées religieuses, synodes provinciaux et nationaux, et leurs assemblées politiques, assemblées provinciale et nationales. Le gouvernement lui-même avait à maintes reprises interdit aux synodes toute discussion politique.
2. On trouve une copie du manifeste à la Bibl. nat. fonds franç. 4102. Quant à la lettre, fort bien rédigée, elle a été publiée par M. Camille Rabaud, dans l'Histoire du protestantisme dans l'Albigeois et le Lauragais, Paris, Sandoz et Fischbacher, 1873.

l'obéissance, sont prophanes, voisines du sacrilège[1]. » On conçoit qu'avec des opinions pareilles il fût, bien que très attaché à sa religion, tout disposé à excuser le gouvernement de s'être permis de transgresser le traité. C'est là ce qui joint à son caractère doux et conciliant, à son intégrité, à la considération dont il jouissait, le rendait particulièrement propre à remplir la mission qui lui avait été confiée[2].

Dès le commencement des délibérations une grave divergence éclata entre les députés et le commissaire du gouvernement sur une question qui touchait à un point important de l'organisation politique de la communauté réformée. Depuis le commencement du siècle les protestants avaient pour représentants à la cour deux députés généraux, choisis par le gouvernement entre six candidats élus par les assemblées politiques. Pendant le synode de Castres l'un des députés, Maniald, mourut; l'autre Montmartin, était empêché par la maladie de remplir ses importantes fonctions. Les huguenots espéraient donc que, conformément aux principes qu'on avait toujours suivis, une assemblée générale allait être convoquée pour procéder à l'élection de nouveaux candidats à la députation générale. Ils le désiraient d'autant plus qu'ils voyaient là une occasion de faire parvenir leurs plaintes au roi avec plus de chances de succès. Aussi un trouble et une agitation profonde s'emparèrent-ils du synode lorsque, au nom du roi, Galland lui conseilla d'abord, puis lui enjoignit expressément de procéder sur place au choix des candidats. Une élection faite dans des circonstances pareilles serait, disait-on, une atteinte profonde aux droits des protestants. Des députés généraux élus par une assemblée qui

---

1. *Moyens pour conserver l'estat en repos encore qa'il y ait deux religions différentes,* par Aug. Galland; mémoire présenté au roi, Bibl. nat. fonds franç. 20341 fol. 116.

2. *Benoît, Hist. de l'édit de Nantes.,* t. II, p. 421. — *La France prot.,* art. *Galland.* — Le jugement de Rohan (Mémoires, coll. Michaud et Poujoulat, p. 553), étant celui d'un adversaire, mérite peu de confiance. — Galland avait déjà rempli les fonctions de commissaire royal auprès du synode de Charenton, en 1623; en revanche, ce n'est pas lui, comme le dit M. C. Rabaud (ouvr. c. p. 237), mais Pierre de Lacger qui fut commissaire au synode de Réalmont. Quant à la position que les commissaires avaient vis-à-vis des synodes, voir Anquez, *Un nouveau chapitre,* p. 83.

n'en avait pas mission, et où il ne pouvait y avoir de discussion politique, ne seraient jamais reconnus par les églises réformées. Cependant une partie de l'assemblée était d'avis qu'entre deux maux il fallait choisir le moindre, et qu'il valait mieux que les députés généraux fussent élus par le synode que d'être choisis directement par le roi, comme on les en menaçait en cas d'opposition. Après de nombreuses conférences avec Galland et de longues discussions, cette opinion prévalut. Le synode décida, par 40 voix contre 14, d'obéir aux ordres du gouvernement ; mais en même temps il fut inséré dans les actes de l'assemblée une protestation, représentant que le synode n'avait cédé que contraint et forcé.

Les huguenots perdaient ainsi l'espoir de voir convoquer une assemblée générale, qui leur aurait fourni le moyen légitime d'agir sur le gouvernement. Le synode de Castres, la dernière assemblée où ils aient négocié avec le gouvernement sur des questions politiques, n'avait guère contribué à leur rendre l'espoir et la confiance [1].

Le gouvernement envenima encore l'animosité mutuelle par la tentative qu'il fit d'intervenir dans l'élection des consuls à Nîmes. Il y envoya en effet deux commissaires, Maussac et de Suc, avec mission d'assister à la votation, sous le prétexte de veiller à ce que le droit des ouvriers d'occuper la quatrième place de consul fût respecté. Ces commissaires se mirent en relation avec « les principaux et plus notables habitants », ainsi qu'avec les gentilshommes royalistes des environs. Le bruit courait qu'ils avaient l'intention de provoquer un changement de constitution ; les habitants se sentaient menacés du sort qui avait frappé Montpellier en 1623. Mais par leur présence d'esprit, les consuls et le conseil conjurèrent le péril. Le 5 décembre, jour consacré de tout temps à l'élection, ils se réunirent dans la maison commune, firent aussitôt fermer les portes, et

---

1. *Procès-verbal de Galland.* Bibl. nat. fonds franç. 20961. Aymon, *Synodes nationaux des églises de France.* On est fort étonné de lire, dans l'introduction de la *France protestante : «* les actes fort longs de ce synode n'offrent rien d'un intérêt particulier. »

décidèrent de procéder immédiatement à l'élection, sans égard
aux prétentions des commissaires. D'Aubais fut élu premier
consul ; les autres furent choisis aussi parmi les partisans
de Rohan. En vain Maussac et de Suc demandèrent à être admis ;
en vain ils protestèrent contre les procédés des autorités ; une
tentative qu'ils firent de faire nommer d'autres consuls échoua
complètement. Les habitants triomphaient d'avoir maintenu
intacte la liberté électorale dont ils jouissaient depuis si longtemps ; ils décidèrent d'informer sans retard les autres communes protestantes de l'heureuse manière dont ils avaient
réussi à détourner cette attaque contre leurs privilèges municipaux. Le 1ᵉʳ janvier, nonobstant la défense expresse du roi, les
consuls nouvellement élus prirent possession de leur charge
avec les cérémonies d'usage et nommèrent ensuite des conseillers hostiles au gouvernement. Depuis ce moment le pouvoir
central perdit toute autorité à Nîmes [1].

Cependant la Rochelle était de plus en plus menacée. Les
forteresses qui l'entouraient ne cessaient de s'étendre ; leurs
garnisons recevaient continuellement des renforts ; Richelieu
travaillait sans relâche à mettre la flotte en état de bloquer la
ville. C'est surtout au printemps de 1627 que ces préparatifs
prirent un aspect menaçant. « Tous les jours, lisons-nous dans
une lettre, on envoie des troupes dans l'ouest. Elles ne forment
pas encore une armée, mais elles sont disposées de manière à
pouvoir être réunies au premier signal». En attendant, Richelieu cherchait à calmer les alarmes des habitants par des promesses solennelles ; néanmoins l'anxiété augmentait de jour
en jour. « Les gens de guerre courent par les bourgades autour de notre ville, pillent, volent et assassinent ceux qu'ils
rencontrent d'icelle, et par ce moyen empêchent les habitants
de sortir qu'avec crainte et péril. »

---

1. *Registre des délibérations de la maison consulaire de Nîmes*, 5 décembre
1626, 1 janvier et 19 mai 1627. *Mémoires de Rohan*, déjà cités, p. 554. Le conseil
d'État arrêta que le château que possédait d'Aubais aux environs de Nîmes serait
rasé, parce que celui-ci avait accepté les fonctions de consul.

Ainsi s'expriment les députés de la Rochelle dans uue audience qu'ils avaient obtenue du roi. Mais Louis et ses ministres ne font à ces plaintes que des réponses évasives [1].

Il est naturel que, dans cette situation difficile, Rohan et ses amis, n'attendant du gouvernement ni grâce ni justice, songeassent à demander du secours au dehors. Ils appartenaient à une race qui mettait la cause de la religion au-dessus de tout autre intérêt, et ils professaient les principes qui, depuis le milieu du xvi⁰ siècle, poussaient les adhérents de la même religion à se prêter mutuellement aide et secours, sans égard aux frontières qui séparent les États et les nationalités. C'est pourquoi ils s'adressèrent à l'Angleterre pour lui rappeller les promesses que ses ambassadeurs leur avaient faites à la dernière paix: « Je suis requis, dit Rohan dans une lettre au roi d'Angleterre, au nom de toutes les églises de deçà, d'espandre aux pieds de vostre Majesté leurs douleurs, affin qu'elle pourvoie, selon son zèle et sa prudence, aux moyens de leur allégeance. Je n'ay peu denier cest office à plus de cent mille âmes chrestiennes qui soubs mon seing, vous font pareille requeste, et qui ne sont persécutés que pour la profession de foi qu'ils ont commune avec vostre Majesté [2]. De même Soubise, qui depuis la paix était resté en Angleterre, s'engageait, au cas d'une guerre avec la France, à mettre au service du roi de la Grande Bretagne toute son influence auprès de ses coreligionnaires. En même temps arrivait de la Rochelle une lettre contenant des plaintes sur les procédés du gouvernement, et des demandes instantes de secours [3].

Ces instances devaient trouver un favorable accueil à la cour d'Angleterre, dont les rapports avec la France étaient très tendus depuis l'alliance de ce dernier pays avec l'Espagne, son ennemie déclarée. Les deux gouvernements s'étaient fait affront sur

1. Avenel, *lettres et papiers d'Etat du cardinal de Richelieu*, 11 nov. 1626, 8 janv., 12 et 16 févr., 3 et 7 mars 1627. — *Advice from Paris*, 28 fév., 12 mars 1627. — *Haranque faite au Roy le 12 oct.* 1626. — Eng. Rec. Off. S. P. France,
2. (*Documents inédits*, V.). Pour les négociations de l'agent anglais de Vic avec Rohan, voir *Mém. de Rohan*, p. 559.
3. Engl. Rec. Off. S. P. France.

affront, et une guerre aurait peut-être été inévitable, alors
même que l'Angleterre ne se fût pas considérée comme engagée
à secourir les huguenots [1].

Au printemps de 1627, un agent anglais, Montagu, se rendit
auprès de Rohan pour convenir des conditions d'une alliance.
Il déclara l'Angleterre prête à envoyer en France trois armées,
comprenant ensemble trente mille hommes, dont l'une débar-
querait dans l'île de Rhé, une autre vers la Garonne et la troisième en Normandie. Rohan de son côté, n'aurait pas de peine
à lever en Languedoc une armée, avec laquelle il pénétrerait en
Guyenne pour s'y joindre avec les Anglais. On comptait, de plus,
sur l'appui des ducs de Savoie et de Lorraine, ainsi que de
quelques mécontents parmi la haute noblesse de France. Rohan
accepta avec joie ces propositions. Il promit de faire prendre
les armes aux protestants du bas Languedoc, des Cévennes, du
Rouergue et d'une partie du haut Languedoc aussitôt que les
Anglais auraient débarqué, et d'accourir par Montauban à leur
rencontre [2].

Les huguenots n'avaient le choix qu'entre une soumission
absolue et une nouvelle guerre de religion. Ils n'ignoraient pas
les malheurs inséparables d'une guerre civile, mais ils préfé-
raient voir leurs champs dévastés, leurs villes incendiées, leurs
femmes et leurs enfants exposés à tomber aux mains de la
soldatesque, plutôt que de subir, sans résistance, les mesures
arbitraires d'un gouvernement catholique.

IV

La situation de l'Europe occidentale était, en apparence, la
même à ce moment qu'au temps d'Elisabeth et de Philippe II :
les puissances catholiques, l'Espagne et la France, étaient alliées
contre l'Angleterre, le plus puissant des Etats protestants de

---

1. Nous renvoyons encore, pour ce qui concerne les rapports entre l'Angleterre
et la France, à l'*Histoire d'Angleterre* de S. Rawson Gardiner, ch. XIII.
2. *Mémoires de Rohan*, p. 560.

l'Europe. Mais en réalité ni pour les uns ni pour les autres les opinions religieuses n'avaient plus la même importance décisive. Au fond le gouvernement espagnol n'était rien moins que favorable à la France; malgré ses engagements, il ne prêta aucun secours à son alliée. De son côté le duc de Buckingham, premier ministre anglais, était guidé bien plus par l'ambition et les calculs politiques que par un dévouement désintéressé à la cause des protestants français. Les huguenots eux-mêmes avaient peu de confiance en un homme qui avait été en relations intimes avec les cours d'Espagne et de France [1].

Une grande partie de la population de la Rochelle partageait ces sentiments, et c'est là, ainsi que dans les influences que le parti royaliste avait conservées, qu'il faut chercher la cause de la froideur de la réception qu'on fit à Buckingham après son débarquement à l'île de Rhé; à la tête de forces importantes (le 22 juillet 1627). En son nom, le duc de Soubise, qui avait accompagné l'expédition anglaise, et un secrétaire, William Becher, sommèrent la ville de faire cause commune avec l'Angleterre. Mais la réponse que fit la cité, qui pourtant avait appelé les Anglais, trahit la plus grande indécision : On ne pourrait prendre une résolution définitive qu'après avoir consulté le duc de Rohan et les communes protestantes alliées à la ville [2].

On vit alors le trouble et l'agitation régner à la Rochelle pendant un mois. La majorité des habitants étaient bien décidés à tout sacrifier pour la défense de leur liberté religieuse et politique; malgré le peu de confiance que leur inspiraient les Anglais, ils penchaient pour une alliance avec eux. La vieille duchesse de Rohan, mère d'Henri, établie depuis quelque temps à la Rochelle, et qui avait supporté avec courage les horreurs du siège, usait de toute son influence pour enflammer les sentiments belliqueux de la population; elle était soutenue par le conseil des bourgeois, les pasteurs et plusieurs personnes con-

1. *Mémoires de Rohan;* coll. : Michaud et Poujoulat, p. 559.
2. Becher disait que les magistrats de La Rochelle avaient été achetés par le roi de France ; *Gardiners history of England,* t. II, p. 134.

sidérables, qui voyaient dans les secours offerts par les Anglais le
seul espoir de salut pour la ville. D'autre part le parti royaliste
était assez puissant pour rendre incertaine l'issue définitive.
Les commissaires royaux, Le Doux et Navailles, qui déjà en
mai 1626 avaient essayé de contrebalancer l'influence du conseil des bourgeois, ne négligeaient rien de ce qui pouvait con-
trarier les projets du parti de la guerre. Les magistrats royaux
et une grande partie du corps de ville se joignirent à eux, soit
par dévouement au roi, soit par crainte des maux de la guerre.
Richelieu lui-même en faisant entrevoir aux habitants l'espoir
d'une conciliation, cherchait à retarder la décision finale[1].
Il en résulta qu'encore au commencement d'août la ville ouvrit
des pourparlers avec le duc d'Angoulême, commandant des
troupes royales cantonnées dans les environs. On lui envoya
entre autres une députation pour l'assurer du dévouement des
habitants au roi et pour le supplier d'épargner les champs de
blé et les vignes qui entouraient la ville. Le duc répondit que
les habitants n'auraient rien à craindre tant qu'ils se compor-
teraient en fidèles sujets du roi, qu'au contraire ils pouvaient
tout attendre de la bonté royale[2]. Cependant les intentions
hostiles du gouvernement devinrent bientôt évidentes : en effet,
le 15 août les troupes royales vinrent camper sous les murs de
la Rochelle. Dès ce moment le parti de la guerre l'emporta.
Les commissaires, la plupart des fonctionnaires royaux et un
grand nombre de royalistes, quittèrent la place. On institua,
sous le nom de conseil de direction et de conseil de guerre,
deux autorités extraordinaires, qui, avec le maire, exercèrent
dans la Rochelle un pouvoir à peu près absolu. Ils fortifièrent
les ouvrages de défense, créèrent une armée et une flotte, armèrent des corsaires et battirent monnaie pour couvrir les frais
de la guerre[3]. La forte position de la Rochelle, sa richesse, sa

1. Arcère, *Histoire de la Rochelle*, p. 230. *Mémoires* de Rohan, coll. Michaud
et Poujoulat, p. 562.
2. Arcère, p. 201. Jourdan, *Éphémérides historiques* de La Rochelle. p. 272.
3. Bibliothèque de la Rochelle : registre des conseils tenus en la maison commune de la Rochelle, 1627-1628.

population nombreuse et aguerrie, tout présageait une défense énergique. « Puisque tout est arrangé, tout combiné pour notre ruine, ne prenons conseil que de notre désespoir. Un parti unique nous reste, celui de nous défendre : » ainsi s'exprime un manifeste publié alors au nom de la ville.

Les négociations qui s'engagèrent alors entre la Rochelle et l'Angleterre, caractérisent bien l'esprit de fière indépendance qui animait cette population. Les habitants craignaient que les Anglais n'eussent l'intention de s'emparer de leur ville, pour prendre pied ainsi sur la terre de France. Mais ils étaient bien résolus à ne rien sacrifier de leur indépendance, car, disaient-ils « s'il falloit en être réduits à ce point de perdre notre liberté, toutes sortes de raisons nous obligeoient de demeurer sous notre vray et légitime maître[1]. » Aussi apportèrent-ils la plus grande prudence dans leurs rapports avec l'Angleterre, et déjà dans la convention préliminaire conclue le 15 octobre avec le duc de Buckingham, ils évitèrent avec soin tout ce qui aurait pu mettre la Rochelle dans la dépendance de sa puissante alliée. Les institutions municipales, disait le traité, resteraient intactes ; le maire seul commanderait dans le ville, et, sans son autorisation, aucune troupe armée n'y serait admise[2]. Bientôt Buckingham fut contraint de retourner en Angleterre après des efforts infructueux pour s'emparer de l'île de Rhé[3].

Les négociations pour un traité définitif furent poursuivies à Londres par une députation ayant à sa tête Vincent, pasteur très estimé et d'une grande fermeté de caractère. Il résulte de sa relation que Buckingham tenta d'arracher aux députés des concessions qui auraient mis en danger l'indépendance de la Rochelle ; il insistait pour qu'un certain nombre d'enfants des principales familles fussent envoyés en Angleterre comme ôtages, et que la ville s'engageât, en cas de nécessité, à admettre dans ses murs les armées et les flottes anglaises. Les députés

---

1. *Journal* de Mervault : relation touchant la négociation avec l'Angleterre.
2. Arcère, *Hist. de La Rochelle.*
3. L'expédition à l'île de Rhé est racontée en détail dans l'ouvrage de Gardiner, déjà cité, chap. XIV et XV.

repoussèrent ces propositions et réussirent, par leur attitude
ferme et prudente, à assurer leur cité contre les projets ambitieux de Buckingham [1]. Dans une assemblée générale tenue le
30 mars 1628, le peuple de la Rochelle approuva à l'unanimité
le traité d'alliance, tel que les députés l'avaient rédigé, et re-
mercièrent ceux-ci pour le zèle qu'ils avaient mis à sauvegarder
les intérêts de la ville [2]. La Rochelle, dit avec raison un historien
illustre, alors même qu'elle fit alliance avec l'Angleterre, resta
de cœur fidèle à la France [3].

Il n'est pas douteux que l'empressement de Buckingham à
prêter à la ville un secours effectif, n'en fût sensiblement refroidi, et pourtant plus que jamais la Rochelle avait besoin
d'être énergiquement soutenue. En effet, aussitôt que la flotte
anglaise eut quitté l'île de Rhé, Richelieu poussa les travaux du siège avec une ardeur infatigable. Bientôt toutes communications avec le dehors furent coupées et les Rochellois
attendirent avec une anxieuse impatience le retour de la flotte
anglaise. Mais quand enfin celle-ci parut, en mai 1628, elle se
montra trop faible pour forcer la digue qui fermait le port. Des
murs de la ville les habitants furent témoins de la ruine de leurs
espérances et virent les navires anglais reprendre le large après
quelques faibles tentatives d'attaque. Alors, avec le courage du
désespoir, ils se préparèrent à supporter toutes les horreurs de
la faim, pour la défense des libertés héritées de leurs pères.
Le maire Jean Guiton s'est acquis entre tous une gloire immor-

1. *Journal* de Mervault : relation touchant la négociation en Angleterre. — Il
ne paraît pas improbable que non seulement cette relation, mais tout l'ouvrage,
soit de Vincent. Cela paraîtrait, du moins, résulter du sous-titre d'un vieil exemplaire du Journal, que nous avons trouvé à la Bibliothèque nationale (20,963) :
« Journal du siège de la Rochelle depuis le mois de juillet 1627 jusques au mois
d'octobre 1628. — Dressé par M. Vincent, ministre de la Rochelle, qui a été
présent en la plus grande et principale partie de ce qui a esté fait aud. siège et
négociation avec les Anglais.
Le dit sieur Vincent a fait imprimer ce journal sous le nom de Manigauld
(Mervault) marchand de la Rochelle, quoi qu'il soit constant que c'est lui qui
l'a dressé.
Comparez avec cela les doutes sur le véritable auteur du Journal, qu'émet
M. Delayant dans l'*Histoire de la Rochelle*, p. 129 et 133.
2. Bibliothèque de la Rochelle : registre des conseils tenus en la maison commune 1627-1628.
3. Henri Martin, *Histoire de France*, t. XI, p. 269.

telle par l'énergie avec laquelle il sut maintenir l'ordre dans cette ville héroïque. En effet, à ce moment le parti royaliste commença à relever la tête, conduit, comme toujours, par les fonctionnnaires royaux restés dans la ville.

Le principal d'entre eux était Raphaël Colin, membre du tribunal présidial. Pénétré de l'importance de ses fonctions, il entra en conflit avec le maire au sujet des limites de leur autorité respective. Après plusieurs scènes violentes, Guiton fit arrêter Colin, dont les sympathies royalistes devenaient de plus en plus évidentes ; deux autres membres du haut tribunal furent contraints de s'enfuir [1]. Mais malgré les rigueurs du maire, le désespoir causé par la famine favorisait les menées royalistes. Richelieu lui-même ne laissait pas d'encourager les partisans qu'il avait à la Rochelle : les renseignements que nous possédons, bien qu'incomplets, montrent qu'il était en relations constantes avec eux. Ses espions le tenaient au courant de tout ce qui se passait dans la ville assiégée [2] ; des personnes de son entourage correspondaient avec des officiers et des conseillers [3], et des écrits exhortant à la soumission étaient en secret distribués parmi les habitants. On possède encore deux de ces écrits : l'un promet au nom du roi grâce complète, en cas de soumission immédiate, et menace des châtiments les plus sévères si l'on continue à résister ; l'autre est rédigé au nom d'un bourgeois de la Rochelle : il dépeint sous les plus sombres couleurs la tyrannie du maire, qu'il met en contraste avec la bonté et la clémence du roi [4]. Il se forma au mois de septembre, sous la conduite d'un gentilhomme nommé Etienne Gentils, une conjuration ayant pour but de livrer la ville. Le complot fut trahi, et

1. Annales de la Rochelle, manuscrit conservé dans la bibliothèque de La Rochelle. La partie de cet ouvrage qui traite du siège est sans contredit de Raphaël Colin lui-même : voyez les Historiens de La Rochelle, par L. Delayan, la Rochelle 1863, p. 127.

2. Plusieurs d'entre eux furent punis : Journal de Mervault, 8 juillet 1628.

3. Corresp. de Danchies et Dagret. Bibl. nat. fonds franç. 18,972 : 12 septembre 1628, 9 octobre 1628, 14 février 1629.

4. Ecrit distribué secrètement dans la Rochelle, 20 août 1628, de la part du roi. — Advis salutaire pour ceux de la Rochelle par un de leurs concitoyens ; distribué en même temps que l'écrit du 20 août et secrètement. Bibl. nat. manuscr. de Du Puy fol. 100,255,257.

Jean Guiton prit des mesures énergiques. Il fit proclamer que quiconque parlerait de soumission serait regardé et traité comme un traître ; il tuerait de sa propre main, disait-il, quiconque ferait opposition à son autorité. Il augmenta en même temps sa garde personnelle, et réduisit ainsi à l'obéissance les mécontents[1]. Les menées royalistes continuèrent cependant. Peu avant la capitulation il se forma une conjuration de deux cents personnes pour assassiner Guiton et ouvrir au roi une des portes de la ville[2]. On assure que la connaissance de ce complot fut une des circonstances qui décidèrent enfin Guiton à céder.

Du reste les difficultés de toute nature étaient devenues si grandes, que la volonté de fer de l'énergique Guiton lui-même devait plier. La famine faisait des victimes chaque jour plus nombreuses ; des 28 000 habitants il n'en restait enfin plus que 5 000 ; ceux-ci même affaiblis par des souffrances inouïes[3]. Un instant les espérances des assiégés s'étaient réveillées ; une nouvelle flotte anglaise, longtemps attendue, arriva en vue, le 30 septembre, mais trop faible pour forcer l'entrée, elle se retira bientôt. C'était le dernier espoir de salut qui s'évanouissait. Guiton convoqua, le 28 octobre, les représentants des différentes corporations et leur montra combien la position était désespérée[4] : il fut décidé, sur sa proposition, d'ouvrir au nom de la ville des négociations avec le cardinal. La Rochelle dut se résigner à ce qu'il y avait pour elle de plus douloureux : à voir ses murailles rasées et ses antiques franchises municipales abolies. En revanche, la sécurité de corps et de biens, et le libre exercice de la religion, furent garantis aux habitants : car ici, comme toujours, le seul but de Richelieu était l'affermissement de l'autorité royale.

1. Annales de la Rochelle.
2. Dagret à Dauchies, 14 février 1629 ; Bibl. nat. fonds franç. 18 972.
3. Annales de La Rochelle. Fontenay-Mareuil : siège de La Rochelle ; coll. Michaud et Poujoulat, p. 212.
4. Les habitants de la Rochelle avaient été informés par leurs députés qui accompagnaient la flotte anglaise que les Anglais étaient déjà entrés en négociations avec Richelieu, et se considéraient ainsi comme dégagés de la promesse qu'ils avaient faite à l'Angleterre de ne pas ouvrir séparément des négociations de paix. Journal de Mervault.

Le 3 novembre 1628, le cardinal fit son entrée dans la ville vaincue. Peu après fut publié un décret royal abolissant pour toujours les institutions municipales de la Rochelle, les fonctions de maire, le corps de ville, le conseil des bourgeois, etc. Un intendant royal dirigerait désormais l'administration de la ville et des campagnes environnantes; les fortifications seraient rasées[1].

Ainsi tomba le boulevard du parti protestant, la plus forte des villes libres de la France. Dans ses vicissitudes si diverses, le pouvoir royal en France n'avait pas encore remporté de victoire qui lui eût fait faire un si grand pas vers l'unité absolue.

V.

Au commencement de la guerre, le duc de Rohan avait l'intention de secourir promptement la Rochelle. Nous en avons le témoignage dans une lettre qu'il adressait à Soubise, le 8 août 1627, et dans laquelle il lui expose son plan de campagne. Aussitôt après que les protestants de la Guyenne et du Languedoc se seraient joints à lui, il pensait, dit-il, gagner Montauban, à la tête d'environ six mille hommes; puis il rejoindrait en Guyenne les forces anglaises qui, selon la promesse de lord Montagu, devaient s'y porter à sa rencontre; les deux armées marcheraient ensuite ensemble à la délivrance de la Rochelle. Il comptait sur l'appui du duc de Savoie, et il espérait que les nombreux protestants de la Guyenne se lèveraient avec un nouvel enthousiasme pour la défense de la religion. » Ce sera une terrible besogne à nos ennemis[2], » ajoute Rohan, avec confiance. Cette perspective ne tarda pas à se dissiper. Le gouvernement anglais n'envoya pas de corps de débarquement en Guyenne, et, par suite, Rohan fut contraint d'abandonner son plan. Les premiers succès de Buckingham à l'Ile de Rhé furent suivis d'une longue inaction. La Savoie, la

1. Mercure français imprimé, t. XIV. Voyez aussi Henri Martin, t. XI, p. 277.
2. Lettre du duc de Rohan au duc de Soubise. *Documents inédits*, VI.

Lorraine et les autres alliés de l'Angleterre montraient peu d'empressement à intervenir activement. Enfin chez beaucoup de ses coreligionnaires sur l'appui desquels il avait compté, Rohan ne rencontra que froideur et indifférence.

Il n'en persista pas moins dans sa résolution d'appeler encore une fois aux armes les huguenots du Midi. Dès les mois de juillet et d'août il prenait des mesures en vue d'une guerre prochaine. Il rassembla à Nîmes, alors sa principale place de guerre, des armes, des chevaux et des troupes ; en même temps ses agents parcouraient les villes, pressant les huguenots de rester fidèles à l'union protestante[1]. Ce ne fut cependant qu'à l'assemblée d'Uzès, les 10 et 11 septembre 1627, que furent prises les décisions à la suite desquelles le Languedoc devint le théâtre d'une nouvelle guerre de religion[2].

Nous avons vu déjà que, par suite de la défection de la noblesse féodale, le mouvement protestant en France prenait un caractère de plus en plus bourgeois. Dans le Languedoc, il est vrai, une grande partie de la petite noblesse était restée fidèle à la cause protestante ; mais là aussi les villes et leur population, en majeure partie bourgeoise, étaient les véritables foyers du mouvement. Nous trouvons encore une preuve de ce fait dans les actes de l'assemblée d'Uzès. Les représentants de douze villes des Cévennes et du bas Languedoc, et vingt-huit gentilshommes y étaient présents, mais l'assemblée décida que les gentilshommes ne prendraient pas part au vote ; les décisions émanèrent donc exclusivement des représentants des villes[3].

Dans le discours par lequel Rohan ouvrit l'assemblée, il convint ouvertement qu'il avait lui-même invoqué le secours du roi d'Angleterre en faveur de ses coreligionnaires opprimés.

---

1. Lettre de Nîmes, 13 juil. 1627. Bibl. nat. Mss. de Du Puy, 400, fol. 203. — Mém. de Rohan, coll. Michaud et Poujoulat, p. 562.
2. Pour les mesures de précaution que prit Rohan à la convocation de l'assemblée, voy. Mém. de Rohan, l. c.
3. Ces villes étaient : Nîmes et Uzès dans le bas Languedoc ; le Vigan, Sauve, Sumène, Alais, Ganges, Anduze, Saint-Jean de Gardonnenque, La Salle, Saint-Hippolyte et Saint-Ambroix, dans les Cévennes.

Le gouvernement ayant de toutes façons trahi les promesses qu'il avait faites, lors du dernier traité de paix, il avait vu là le seul moyen de salut pour la religion protestante. Ensuite il exposa brièvement la situation politique et engagea les membres de l'assemblée à délibérer sur les mesures qu'il conviendrait de prendre. Pour sa part, ajouta-t-il, il était prêt à sacrifier sa fortune et sa vie pour la délivrance des églises. Le jour suivant l'assemblée nomma Rohan général en chef du bas Languedoc et des Cévennes et le chargea des préparatifs de guerre [1]. Elle l'engagea en même temps à convoquer le plus tôt possible une assemblée générale qui partagerait avec lui la direction de la défense. Dans les jours qui suivirent, les assemblées populaires des villes représentées à Uzès approuvèrent les décisions prises par leurs députés ; peu après, le Vivarais, entraîné par Brison, gentilhomme très influent, se joignit à l'union. En même temps Rohan publiait un manifeste où il exposait, en termes énergiques et élevés, les motifs qui avaient provoqué le soulèvement.

Le fidèle ami de Rohan, Du Puy, fut en ces circonstances, comme auparavant, son principal conseiller [3]. Son grand talent d'organisation et l'énergie de Rohan rendirent possible, malgré la modicité des ressources financières, de lever dans le court espace d'un mois une armée capable de tenir la campagne. Elle se composait en majeure partie de volontaires des Cévennes, pauvres montagnards, endurcis aux fatigues, aux privations, et pleins d'enthousiasme pour la cause. Les chefs étaient choisis parmi les vieux compagnons d'armes de Rohan, qui avaient combattu à ses côtés dans bien des ren-

1. Les actes de l'assemblée d'Uzès sont reproduits dans Ménard, *Histoire de Nîmes*, tome V, preuves.
2. À Nîmes, ce vote fut émis dans une assemblée mixte. Ce genre d'assemblées, qui avaient un cachet démocratique très marqué, se composaient de délégués « des deux corps de la maison de ville et du consistoire. » Les fonctionnaires avaient le droit d'y prendre part, mais n'y assistaient généralement pas en temps de mouvements révolutionnaires. Les assemblées mixtes étaient souvent convoquées pour éviter le tumulte des assemblées populaires. Registre de Nîmes, *passim*.
3. « Du Puy ne l'abandonna jamais, ayant été son principal conseil, directeur en toutes affaires de quelque nature qu'elles fussent, et compagnon inséparable de sa fortune. » *Mémoires* de Madiane, troisième guerre.

contres. C'étaient d'Aubais, Gondin, de Leques, et d'autres officiers très considérés dans le parti. Outre cette armée régulière de six mille hommes environ, Rohan ordonna une prise d'armes générale dans le bas Languedoc et dans les Cévennes. Tous les hommes valides devaient être répartis en compagnies ayant chacune son chef; des exercices militaires auraient lieu tous les dimanches. Ces milices serviraient au besoin à renforcer l'armée régulière ou à tenir garnison dans les places fortes [1].

Comme en 1625, Rohan remit l'administration de Nîmes aux mains d'un conseil de direction, qui, avec les consuls, devait pourvoir à la tranquillité et à la sécurité de la ville [2]. Il bannit des villes alliées tous ceux qui refusaient de jurer fidélité à l'union protestante; un grand nombre de royalistes et la plupart des fonctionnaires royaux quittèrent la contrée [3]. Nous le voyons en même temps se rendre dans les assemblées provinciales et populaires où son éloquence ranimait les courages et inspirait la confiance [4]. En vain le parlement de Toulouse déclara Rohan coupable de haute trahison et promit 50 000 écus à qui l'assassinerait, menaçant des plus cruels châtiments le chef huguenot s'il venait à tomber aux mains de ses ennemis; Rohan n'en demeura pas moins ferme et inébranlable dans les résolutions qu'il avait prises [5].

A ce moment Rohan était, aux yeux des hommes d'État français, plus redoutable que jamais; toutes les ressources militaires et financières du royaume étaient engagées dans la guerre de l'ouest et le siège de la Rochelle. Aussi n'est-ce pas par les armes que Richelieu tenta d'entraver la propagation du mouvement; mais en profitant habilement des divisions qui

1. Établissement de la milice ; Ménard, *Histoire de Nîmes*, tome V, preuves.
2. Dans son ordonnance à ce sujet, Rohan invoque « l'avis des consuls et de bon nombre du conseil ordinaire. » Ménard, l. c.
3. Au sujet de ce serment, voy. *Ibidem*. L'assemblée d'Uzès avait décidé que le serment serait exigé de tous les habitants des villes de l'union.
4. J. P. Hugues, *Histoire de l'Eglise réformée d'Anduze*, passim. Synode de Saint-Hippolyte, Bibl. nat., fonds franç. 23491.
5. Dans ses *Mémoires* (p. 564), Rohan parle de trois ou quatre personnes qui, séduites par la récompense, firent contre lui des tentatives d'assassinat.

régnaient dans le parti protestant, il réussit à retarder de plusieurs mois les progrès de Rohan. « Il importe, lit-on dans une lettre du temps, « faire voir par effet et démonstration que cette guerre est un fait d'état et non de religion », principe auquel le gouvernement ne cessa de conformer sa conduite [1]. Il traita avec la plus grande douceur les protestants restés fidèles au roi. Il promit le pardon aux rebelles qui feraient leur soumission avant une époque fixée, et s'engagea à observer scrupuleusement l'édit de Nantes et les traités conclus avec les huguenots. Les hommes de la religion étaient admis dans les armées royales, et, par des lettres adressées à des particuliers et à des communes protestantes, on cherchait à les persuader que le patriotisme leur commandait de soutenir le roi dans cette lutte contre l'étranger. Dans les mêmes vues, le gouvernement envoya comme son représentant à Castres le président de Suc de Montespieu, protestant lui-même, aimé de tous pour sa douceur et son aménité, et qui se mit à la tête des protestants royalistes du haut Languedoc [2].

Sous sa direction et encouragés par la conduite prudente du gouvernement, les royalistes déployèrent une grande énergie; comme auparavant, Castres fut leur centre d'action. Profitant habilement de l'aigreur qu'une partie des habitants de cette ville avaient conservée contre Rohan depuis 1626, ils répandirent le bruit qu'il était décidé, si Castres tombait entre ses mains, à prendre les mesures les plus tyranniques. Il élèverait une citadelle pour maintenir les habitants dans l'obéissance et abolirait les libertés communales. D'autre part ils faisaient ressortir la généreuse intentions du roi et la récompense promise à ceux qui lui resteraient fidèles. Ils réussirent ainsi à attirer bien des indécis, et n'eurent pas de peine à faire passer dans le conseil de la ville plusieurs résolutions témoignant

1. Le secrétaire d'Etat Philippeaux d'Herbault à Marillac, 13 septembre 1629. Bibl. nat. manuscrits de Brienne, 213.
2. « Il a été regretté à cause de ses vertus, de sa capacité, de la douceur, civilité et courtoisie de ses manières » : jugement de Madiane sur lui, lors de sa mort en 1638, d'après une note de M. Jolibois à Albi. De Suc était président de la chambre mi-partie à Béziers.

d'une fidélité inébranlable à la cause royale. On décida de s'opposer par les armes à toute tentative de Rohan ou de ses partisans pour pénétrer dans la ville [1]. On forma sous la direction
du président de Suc un conseil composé des consuls royalistes,
d'un grand nombre de fonctionnaires et de particuliers, et dont
le membre le plus actif et le plus influent fut Madiane [2].

De leur côté les amis que Rohan avait à Castres ne restaient
pas inactifs. A leur tête était le sénéchal Saint-Germier, marquis de Lautrec, un des rares fonctionnaires supérieurs que
Rohan comptait parmi ses partisans. Les autres chefs principaux
étaient deux gentilshommes, La Pierre, homme très estimé, et
Abel de Crespinet, d'un caractère emporté [3]. Sous leur influence
le trouble et l'agitation allèrent croissant Rohan voulant secourir
la Rochelle, il fallait, disait-on, promptement et sans retard,
écraser la faction royaliste, pour courir ensuite à la délivrance
de la ville héroïque. Comme toujours, le peuple était tout disposé à prendre les armes contre les « escambarlats » ; aussi
le parti populaire devenait-il de plus en plus fort, tandis que les
royalistes prévoyaient avec découragement le sort qui les attendait. Mais Madiane les sauva par son énergie. Dans la nuit
du 15 octobre, raconte-t-il dans ses *Mémoires*, il fut informé
que les chefs du parti populaire étaient réunis chez Saint-
Germier, et qu'ils comptaient se rendre maîtres de la ville
avant le jour. Aussitôt il prit avec un de ses amis nommé
Landès, les mesures les plus énergiques pour les prévenir.
«. Ils conclurent que sans bruit, par divers messagers, ils man-
« deraient venir les dixainiers avec leurs rooles, en toute dili-
« gence. Ils marquèrent deux cents des plus qualifiés et affec-
« tionnés habitants, et chacun d'iceulx alla mander les siens,
« sans bruit, en toute diligence, pour se rendre à la place avec
« leurs armes. Dès qu'il y en eut cinquante, le consul Pierre

---

1. *Mémoires* de Madiane, troisième guerre. Correspondance de Lacger ; recueil
de Charles Pradel. Extraits faits à Castres. Bibl. nat. fonds franç. 23491.
2. *Mémoires* de Madiane, troisième guerre. Il s'intitule aussi « chef du conseil
extraordinaire. »
3. Abel Rostolp, sieur de Crespinet. Mort en 1648 ; ses biens furent confisqués
pour contravention aux édits de duel. Note de M. Charles Pradel.

« Jean s'estant mis à la teste, s'en alla passer devant la porte
« du sénéchal, et l'ayant trouvée ouverte, fit aller recognoistre
« et apprit qu'il estoit dans sa salle avec dix-huit gentils
« hommes ou hommes de faction avec les armes toutes prestes,
« attendant leur monde et l'heure arrestée. Cet advis porté en
« la place, on fit partir le consul Rauli avec autres cinquante
« dixainiers, qui estaient desjà arrivés, pour aller joindre son
« collègue, avec ordre de ne laisser entrer ny sortir personne,
« et dès qu'il y en eut autre cinquante, le consul Galiber les
« mena à Villegondon avec ordre d'en laisser dix sur chaque
« pont et de rôder incessamment en patrouille avec les trente
« rest...s, empeschant que personne ne passât, ny d'un costé
« ny d'autre, sans permission. On envoya garder le clocher
« pour empescher que personne n'y pût monter que par ordre.
« Des autres cinquante dixainiers appelés on fit un corps de
« patrouille commandé par Sévérac pour rôder incessamment
« les quartiers. » Ensuite les chefs se réunirent chez de Suc ;
après une courte délibération ils décidèrent de bannir Saint-
Germier et les autres meneurs du parti populaire. Cette décision reçut une prompte exécution. Le jour n'était pas encore
levé qu'une troupe de royalistes pénétraient dans la demeure
de Saint-Germier, et, l'accablant d'injures, le forçaient, lui et
son entourage, à quitter immédiatement la ville. Plusieurs
autres membres du parti populaire, une quarantaine de personnes furent encore chassés. Les royalistes saluèrent par leurs
transports « cette glorieuse action » comme l'appelle Le
Masuyer [1]. Le roi lui-même ne dissimula pas la satisfaction
qu'il en éprouvait ; il assigna au président de Suc une somme
de 10 000 livres pour être distribuée comme récompense à
ceux qui avaient montré le plus de zèle dans cette affaire, et
dans une lettre à Madiane il le remercie de la part que celui-ci
a eue au succès de l'entreprise [2].

1 Le Masuyer à Galland, le 16 octobre 1627. Bibl. nat. fonds franç 15828,
fol. 159.
2. Cette lettre est reproduite dans Maturé, *Histoire de Castres*. Dans notre
exposé nous avons suivi le récit de Madiane, *Mémoires*, troisième uerre.

Suivant l'exemple de Castres, les nombreuses villes protestantes du bas Languedoc, de Rouergue, du Quercy et de Foix,
sourdes aux instances de Rohan, avaient refusé de se joindre à
lui. Montauban même, grâce à l'influence de d'Escorbiac et du
premier consul La Boissonnade, était resté fidèle au roi[1]. Mais
le pouvoir du parti royaliste dans ces villes n'était rien moins
que fortement établi. Partout s'agitaient les partisans et les
agents de Rohan ; les habitants attendaient avec impatience un
revirement qui semblait prochain. A Milhaud, ce ne fut que
grâce aux consuls royalistes, que le parti populaire fut empêché
de saisir immédiatement le pouvoir ; à Montauban, Pierre
Béraud était prêt, au premier signal à faire passer la ville sous
le drapeau de Rohan. A Castres même, malgré les événements
du 14 octobre, la position des royalistes était loin d'être solide ;
Saint-Germier et ses amis, qui avaient pris refuge dans la petite
ville de Roquecourbe, près de Castres, n'avaient pas cessé d'être
en relations avec le parti populaire. Une preuve que les
royalistes sentaient leur position précaire ressort du fait qu'une
assemblée de protestants restés fidèles au roi, convoquée par
de Suc, fut contremandée, par crainte que le parti populaire
ne prît le dessus[2].

Le Masuyer, ce fanatique ennemi des protestants, désapprouve dans quelques lettres écrites à cette époque, la politique
de conciliation que le gouvernement avait adoptée à l'égard des
huguenots. « Nonobstant tous actes de délibération, dit-il
entre autres, signatures de communautés, lettres écrites au
roi, je sais que le pays est en une obéissance aveugle porté à
l'union des églises. » Seules les mesures les plus sévères pouvaient empêcher, pensait-il, le pays de se joindre à Rohan ; il
insistait surtout pour qu'on se saisît des chefs du parti populaire dans les différentes villes. Mais Richelieu, bien qu'il sût

---

1. Les décisions prises à ce sujet sont inscrites dans le Registre des conseils
de Montauban. Archives municipales de Montauban.
2. La lettre de convocation, datée du 12 octobre, se trouve à la Bibl. nat., fonds
franç. 15828. Quant aux motifs qui firent contremander la séance, ils sont exposés dans le Mercure franç. t. XIV. p. 332 et suiv. Montauban refusa d'envoyer
des représentants à l'assemblée. Registre de Montauban, 16 octobre 1627.

très bien le peu de compte qu'il fallait faire des protestations de dévouement des villes, ne voulait pas interrompre, par
des actes inopportuns, la lutte à laquelle les partis se livraient.
Il sentait combien la désunion affaiblissait le parti de la guerre.
Aussi employa-t-il le plus longtemps possible des moyens
pacifiques pour contrecarrer les plans de Rohan. Il envoya pour
la seconde fois dans le Languedoc Auguste Galland, dont nous
avons retracé plus haut l'influence sur les décisions du synode
de Castres. La considération dont il jouissait auprès d'une
partie des protestants, et qui s'était encore accrue pendant le
synode, le rendait plus qu'aucun autre propre à inspirer confiance dans les intentions du gouvernement. Il se rendit en
personne à Montauban, à Castres, à Réalmont, dans quelques
villes de moindre importance, et là, dans les assemblées populaires, il s'efforça de convaincre la population de la bienveillance
du gouvernement envers les huguenots ; les intentions de
celui-ci, disait-il, n'étaient pas moins conciliantes, même à
l'égard de la Rochelle ; seulement, le débarquement des
Anglais l'avait forcé à y concentrer une armée considérable.
Ces assemblées, où les « principaux habitants » étaient en
grand nombre, donnèrent à Galland les assurances les plus
positives de leur fidélité au roi ; les villes même où il ne s'était
pas présenté, lui envoyèrent par écrit des déclarations semblables [1]. Mais il n'eut pas le même succès lorsqu'il insista sur
la nécessité pour les villes de prendre une attitude moins
passive. Ainsi, Montauban et Castres, s'appuyant sur leurs privilèges municipaux, refusèrent d'adopter le projet de Galland,
d'y introduire une garnison royale pour les protéger contre
les attaques de Rohan [2]. Lorsqu'au milieu de novembre, Galland

1. Les déclarations de fidélité des villes de Montauban, Castres, Pamiers, Saverdun, Mas d'Azil, Sorrèze, Puylaurens, Réalmont, Briatexte, Revel, Roquecourbe,
Saint-Amant, Mazamet, La Bastide et La Cabarède, se trouvent à la Bibl. nat.,
fonds franç. 15828, dans un volume intitulé « Le voyage de M. Galland en Languedoc, 1627, » et qui contient aussi la correspondance de Galland avec Richelieu,
Philipeaux d'Herbault et autres, correspondance riche en détails intéressants.
2. Avant l'arrivée de Galland, Castres avait reçu une petite garnison de 150
soldats protestants. Dans une lettre du 21 octobre à Philipeaux d'Herbault, Galland dit : « J'avais été d'avis de prendre davantage de soldats, ce que les habitants n'ont pas trouvé bon. » On trouve cité le refus de Montauban dans « L'état

quitta Castres, qui avait été son séjour principal, les résultats
de sa campagne étaient déjà en partie perdus : plusieurs localités des environs s'étaient déclarées pour Rohan. Celui-ci
cependant dit lui-même dans ses *Mémoires*, que l'intervention
de Galland avait sensiblement contrarié ses plans; il se vit avec
douleur contraint de conduire son armée contre des villes dont
il avait espéré l'appui.

Dans la campagne qu'ouvre maintenant Rohan, nous le
voyons éviter avec le plus grand soin d'employer la force contre ses coreligionnaires. Il cherchait à gagner les villes à sa
cause, non par les armes, mais par le prestige que son nom
prêtait au parti populaire. Il partit des Cévennes au milieu
d'octobre, à la tête de 4500 fantassins et 200 cavaliers, et mar-
cha d'abord sur Milhaud, capitale du Rouergue[1]. Là déjà on put
voir combien était grande son autorité personnelle. En effet, à
peine les habitants l'eurent-ils aperçu chevauchant autour de
la ville, qu'entraînés par l'enthousiasme, ils contraignirent les
consuls royalistes de lui ouvrir les portes. C'était la clef du
Rouergue; Rohan fut bientôt maître de tout le pays. Il pénétra
ensuite dans le haut Languedoc; là aussi plusieurs villes se
déclarèrent immédiatement pour lui, entre autres Réalmont,
pl   importante. Une assemblée réunie à Roquecourbe le
nomma général de la province[2]; il alla ensuite camper devant
Castres pour y attendre la décision que prendraient les habitants. Mais les royalistes s'armèrent et firent bonne garde
dans la ville pour empêcher le parti populaire de provoquer
des troubles; après quatre jours de vaine attente, Rohan dut,
non sans un amer chagrin, laisser cette place importante aux
mains de ses ennemis[3].

de Montauban » de Pierre Béraud. On lit dans la *France protestante* (anc. éd.
art. Galland) : « l'impopularité de l'entreprise de Rohan suffit pour expliquer le
succès de Galland. » Ce jugement nous paraît basé sur une idée tout à fait fausse
de la position des partis en Languedoc.

1. En l'absence de Rohan, d'Aubais commandait dans le bas Languedoc. L'administration de cette province et des Cévennes était aux mains de deux *conseils
provinciaux*, nommés par les assemblées provinciales. *Mém.* de Rohan, p. 565.

2. On trouve à la Bibl. nat. fonds franç. 15828, fol. 111, la lettre de convocation, datée du 28 octobre.

3. *Mémoires* de Madiane, troisième guerre.

Se tournant alors vers le sud, il gagna, à marches forcées, le pays de Foix, où il espérait trouver de nombreux partisans[1]. Il rencontra sur son passage le duc de Montmorency, gouverneur du Languedoc, avec une armée réunie à la hâte, mais supérieure à la sienne en cavalerie. Près de Souillé, petit village non loin de Castelnaudary, les protestants et les catholiques en vinrent aux mains, le 3 novembre, pour la première fois pendant cette guerre. D'abord le désordre se mit parmi les soldats de Rohan ; mais, bientôt ralliés, ils restèrent maîtres du champ de bataille après avoir repoussé deux attaques. Nous possédons de ce combat un récit rédigé dans le sens protestant et qui respire la plus vive joie de l'avantage obtenu : « Quant à nous, » y lit-on entre autres, « tout ce que nous avions de plus cher y étoit à la balance, nulle retraite ne nous pouvant garantir après une défaite d'une entière et finale ruine. L'honneur et la gloire de toute cette action est à Dieu, qui donna l'épouvante aux ennemis et qui affermist le courage des soldats encore peu aguerris à soutenir une si grande force de cavallerie, où étoit la fleur de la noblesse de tout le Languedoc. Le moyen le plus puissant dont Dieu se servit... fut la généreuse et prudente conduite du duc de Rohan, qui, armé de toutes pièces, avec une face riante, alla tousjours de la cavalerie à l'infanterie, se portant aux endroits les plus pressés pour les raffermir et les radresser, couvert de toutes parts de la fumée des mousquetades et coups de pistolets... Aussi sa présence donnait cœur à tout le monde, car nul ne le veit qui ne suivît et ne se portât là où il commandait avec grande résolution. » — Ce combat, bien que peu sanglant, eut des résultats importants, en ce qu'il ouvrit aux protestants la route de Foix et, leur donna plus de confiance[2].

La suite montra que Rohan ne s'était pas trompé sur les sen-

---

1. On trouve dans les *Mémoires* de Rohan (p. 566) les motifs qui le déterminèrent à marcher plutôt sur Foix que sur Montauban.
2. Relation du voyage du duc de Rohan dans le pays de Foix et du soulèvement du colloque de Foix, décrite par mandement du duc de Rohan. Bibl. nat., manuscrits de Du Puy, 100, fol. 222.

timents des habitants du pays de Foix à son égard. Mazères,
Saverdun, le Mas d'Azil et d'autres villes protestantes se déclarèrent pour lui, malgré les efforts des autorités pour entraver sa
marche; et dans l'espace de quelques semaines, il fut maître de
presque tout le pays jusqu'au pied des Pyrénées.

Cependant Richelieu avait envoyé en Languedoc une nouvelle armée sous le commandement du prince de Condé. Ce
fait, ainsi que l'approche de l'hiver, détermina Rohan à interrompre son heureuse campagne. Il nomma gouverneur du
pays de Foix Beaufort, un de ses plus vaillants officiers, et prit
toutes les mesures pour assurer la défense de ce pays et du
haut Languedoc. Puis, avec la rapidité qui caractérise tous ses
mouvements, il revint par le Rouergue et les Cévennes dans le
bas Languedoc, où ses troupes prirent leurs quartiers d'hiver[1].

Dès ce moment son influence ne fit que croître à Castres et
à Montauban, et on put prévoir que, sous peu, ces villes se dé-
clareraient en sa faveur. Ce qui contribua puissamment à augmenter la force de son parti dans Castres, ce fut l'exemple des
petites villes des environs. A Roquecourbe et à Mazamet, en
particulier, les amis de Rohan travaillaient avec une ardeur
infatigable à réveiller et entretenir le zèle pour la cause protestante. A Montauban ce fut un gentilhomme du nom de Villemade
qui, sur l'ordre de Rohan, prit la direction du parti populaire
dans cette ville où l'élection des consuls pour l'année 1628
mettait l'agitation dans tous les esprits. Les royalistes, en effet,
avaient obtenu un rescrit royal, ordonnant que les consuls de
1627 resteraient en charge en 1628.

Mais cette atteinte aux franchises municipales souleva un
mécontentement universel; le parti populaire s'opposa à la
mesure et réussit, après des luttes violentes, à faire prévaloir
sa volonté. Le conseil des nonante procéda aux élections; un
homme possédant la confiance des deux partis, Natalis, fut

---

1. L'armistice ne fut interrompu de tout l'hiver que par une vaine tentative du
duc de Rohan pour s'emparer de Montpellier, le 19 janvier 1628. Voyez à ce sujet
Mercure franç. t. XIV, 1628, p. 25. *Mémoires* de Rohan, p. 572.

nommé premier consul; mais en réal·té le pouvoir était plus que jamais aux mains des chcfs du parti populaire, Villemade et Pierre Béraud. Des prières publiques eurent lieu dans les églises pour la délivrance de la Rochelle, et dans une lettre à Rohan les habitants exprimèrent le désir de prendre le plus tôt possible les armes pour la défense de sa cause[1].

A l'entrée du printemps, Rohan, qui avait renforcé son armée de plusieurs nouveaux régiments, résolut de se porter au secours du Vivarais, dont la population protestante, vivement attaquée par les catholiques avait invoqué son aide. Il rassembla ses troupes à Alais dans les Cévennes. En même temps se réunissait dans cette ville une assemblée provinciale qui prit, en présence de Rohan, les résolutions les plus énergiques. Elle consacra aux frais de la guerre les revenus des églises catholiques de la province, choisit de nouveaux membres du conseil provincial et décida la levée d'un nouveau régiment de trois mille hommes d'après les instructions de Rohan. Elle promit de n'entamer aucune négociation de paix sans l'assentiment du roi d'Angleterre, du duc de Rohan, de la Rochelle et de l'Union des églises protestantes[2].

Après que l'assemblée se fût séparée, Rohan se mit en marche le 17 mars, pour le Vivarais, et, en quelques semaines, il délivra presque entièrement le pays de ses ennemis. Un grand nombre de châteaux et de villes fortifiées capitulèrent après une faible résistance, et même un contingent de l'armée protestante sous le commandement de Lèques passa le Rhône, répandant la terreur parmi les royalistes du Dauphiné. Après que Rohan eut mis le Vivarais en état de défense, et qu'il en eut réorganisé l'administration bouleversée depuis la mort du gouverneur Brison, (janvier 1628) il repartit pour le Lan-

1. La source principale à consulter pour l'histoire de Montauban à cette époque est « L'estat de Montauban depuis la descente de l'Anglois en Rhé 22 juillet 1627 jusque à la reddition de la Rochelle, par Pierre Beraud pasteur et professeur en théologie » imprimé en 1628. J'ai employé un exemplaire de cet ouvrage très rare que possède la bibliothèque de Montauban. Voyez aussi *Mémoires* de Richelieu, coll. Michaud et Poujoulat, série II, t. VII, p. 507.
2. Les actes de l'assemblée se trouvent à la Bibl. nat., fonds franç. 3850.

guedoc le 24 avril. Une armée envoyée contre lui, sous le commandement de Montmorency, essaya de lui couper la retraite,
mais la fière contenance de Rohan imposa aux ennemis qui n'o-
sèrent pas s'opposer à sa marche. L'arrière-garde seule, commandée par le vaillant de Lèques, eut à soutenir une attaque,
qu'elle repoussa victorieusement[1]. Joyeux du succès de son
expédition, Rohan s'empressa d'en informer les autorités de
Nîmes, et dans une lettre adressée à sa mère il expose avec
confiance les heureux résultats de ses efforts[2].

Dans cette même lettre Rohan manifeste l'espoir que Castres
et Montauban, qui si longtemps étaient restées neutres, se dé-
clareraient bientôt ouvertement pour lui[3]. En effet le parti populaire ne tarda pas à y prendre le dessus. La cause de ce revirement fut la conduite impolitique du prince de Condé. Depuis
quelque temps celui-ci tenait bloqué Réalmont, le 30 avril la
ville se rendit et obtint en retour la promesse que ses habitants auraient la vie et les biens saufs, ce qui n'empêcha pas
les soldats de Condé, prenant possession de la ville, d'y com-
mettre les dernières violences. Réduits au désespoir et dénués
de tout, les habitants se réfugièrent dans les villes protestantes
voisines et jusque sous les murs de Castres, où il s'en trouva
bientôt un grand nombre suppliant qu'on leur donnât asile et
protection. Les consuls qui appartenaient au parti royaliste les
repoussèrent, craignant que leur arrivée ne fût le signal d'une
émeute; cette mesure souleva la plus vive indignation dans les
rangs du peuple. Bientôt les rues, les places, les remparts furent
couverts d'une foule tumultueuse qui, soulevée par le violent
Abel de Crespinet, prit une altitude de plus en plus menaçante.
Bien décidé à profiter du mécontentement pour abattre le parti
royaliste, Crespinet harangua le peuple, excitant sa pitié pour
le sort déplorable des protestants de Réalmont, et soufflant un

1. Le voyage du duc de Rohan en Vivarais, Bibl. nat., fonds Languedoc, 94,
fol. 136.
2. Datée d'Alais le 30 avril 1628. Journ. de Mervault, éd. de Rouen, 1671, p. 317.
3. « Montauban a envoyé chercher nos ordres, j'ay bonne espérance de
Castres. »

esprit de révolte. Ici encore Madiane fut le seul des royalistes
qui garda tout son sang-froid ; mais ses efforts furent vains pour
disperser les attroupements, et pour décider ses amis à agir
énergiquement. Ceux-ci étaient livrés au découragement et à
la confusion ; le président de Suc, lui-même, dont le propre
fils, Saint-Affrique, s'était joint à l'émeute, demeura inactif,
malgré les reproches de Madiane. Une cinquantaine de royalistes que Madiane avait réunis à grand peine, se dispersèrent
bientôt, et une petite troupe de 25 soldats qu'il avait levée à ses
frais, prit la fuite devant la population en fureur. Jugeant la
position désespérée, il renonça à une plus longue résistance.
Cependant Crespinet avait appelé à son aide ses amis de Mazamet et de Roquecourbe ; ceux-ci arrivèrent bientôt sous la
conduite de Saint-Germier et de deux autres amis de Rohan,
Baux et Dupin Galibran. Ils franchirent les murs de la ville sans
rencontrer de résistance ; au même instant Crespinet s'écria
d'une voix forte : « A l'aide, mes amis ! on veut me faire prisonnier pour me livrer demain matin au prince qui vous doit faire
pendre ! » Le peuple l'acclama avec enthousiasme et il fallut
tous les efforts du pasteur Lavois pour empêcher la populace
irritée de témoigner par un massacre général sa haine contre
les « escambarlats. »

Alors fut convoquée une assemblée populaire où, sur la proposition de Saint-Germier, les consuls et les autres habitants de
la ville jurèrent fidélité à l'union protestante ; en même temps
les principaux royalistes réunis chez de Suc, décidèrent de
quitter la ville [1]. (1er mai). Cependant Montauban était presque
journellement le théâtre de scènes violentes. Là aussi la guerre
sans merci que faisait Condé avait réveillé les craintes assou-
pies ; chaque jour grandissait l'indignation du peuple contre
les royalistes, à qui l'on attribuait le dessein de livrer la ville
à cet ennemi juré du protestantisme.

D'Escorbiac et la Boissonnade étaient les objets principaux
du mécontentement public ; forcé par l'émeute à quitter la

1. *Mémoires* de Madiane, troisième guerre. Doc. inéd. VII.

ville, la Boissonnade n'échappa qu'avec peine à la fureur populaire. Les autres chefs du parti royaliste, la Roze, Roquès, To-
mas, et autres, ne tardèrent pas à quittter aussi Montauban,
qui resta ainsi au pouvoir de Pierre Beraud et de ses amis [1].
Rohan y envoya aussi un de ses partisans les plus dévoués, le
jeune Saint-Michel [2]. en le nommant gouverneur. Celui-ci rencontra d'abord une opposition violente de la part de Villemade
ancien chef du parti populaire, mais il sut faire respecter son
autorité. Nommé le 9 juillet, gouverneur de la ville et du pays
de Quercy, par le conseil des nonante, il abolit ensuite cette
institution aristocratique, et la remplaça par un conseil de
guerre composé de membres du parti populaire. En même
temps il leva une armée, avec laquelle il combattit avec succès
contre les troupes du duc d'Épernon, gouverneur de la Guyenne.
En toute occasion il put compter sur le zèle et l'appui de Pierre
Beraud, que sa qualité de ministre n'empêchait pas de parcou-
rir la campagne à la tête de bandes armées, pillant et dévastant
les environs de Montauban [3].

Nous touchons ici à l'issue d'une série d'événements qui dans
leur enchaînement rappellent, à beaucoup d'égards, ceux de
1625. Comme alors, les motifs qui attiraient les villes protestantes vers les défenseurs de leur liberté civile et religieuse,
parurent plus forts que l'influence du pouvoir royal. C'est là
qu'il faut chercher la cause des succès de Rohan.

Ce n'est pas sans raison que Richelieu exprime dans ses *Mémoires* un vif mécontentement de la manière dont les chefs des
armées royales en Languedoc faisaient la guerre aux huguenots.
Jusqu'à la chute de la Rochelle ils auraient dû, s'ils avaient
suivi ses prescriptions, se tenir constamment sur la défensive,
malgré la supériorité de leurs forces, et se contenter de faire

---

1. Lettre de d'Escorbiac à Galland du 28 mai 1628. L'Estat de Montauban.
Doc. inéd. XIII.
2. Voir la *France protestante*, anc. éd., art. Lanes.
3. Les ennemis de Pierre Beraud l'appelaient « flambeau et trompette de
guerre, fusil et flammesche de combustion. » Voici en quels termes il se défend
contre leurs accusations : « de quel front ose-on tourner à blâme que je monte à
cheval puisque par mes exortations et encouragements je voy tou' 'es jours le
fruit de mes travaux. » Avant-propos de l'Estat de Montauban.

obstacle aux progrès de Rohan. Il avait l'intention de se rendre
en personne dans le Languedoc, après la capitulation de la
Rochelle, pour y étouffer l'insurrection. Mais, contre sa volonté,
le prince de Condé et le duc de Montmorency, ambitieux de
gloire militaire, divisèrent leurs forces en les occupant au siège
d'une foule de petites places fortifiées[1]. Ils y rencontrèrent souvent une résistance acharnée. Le siège de Saint-Affrique, en
particulier, contribua beaucoup à exalter le courage des protestants et à diminuer le renom du prince de Condé.

Cette ville du Rouergue est située dans une délicieuse vallée,
couverte de vergers et de vignes, et arrosée par la petite rivière
de Sorgue. Sa situation écartée l'ayant jusque-là préservée des
dévastations de la guerre, ses habitants ne s'étaient guère occu-
pés de réparer les fortifications. Aussi le prince de Condé pensait-il s'emparer sans peine de Saint-Affrique, et couper ainsi
à Rohan les communications entre le haut Languedoc et les Cévennes. Mais à peine les habitants eurent-ils vent des projets de
Condé, qu'ils préparèrent énergiquement [la défense. Le pasteur Bastide, échangeant la plume contre l'épée, dirigea avec
beaucoup de discernement les travaux de fortification. Rohan
envoya des renforts, et, quand le 29 mai, le prince de Condé,
soutenu par le duc d'Épernon, parut à la tête de 5 à 6,000 fantassins et de 800 cavaliers, les défenseurs de la ville étaient
prêts à le recevoir vigoureusement.

Nous possédons du siège de Saint-Affrique une relation
écrite sans doute par le vaillant Bastide, peu après la défaite
des ennemis. Ce récit, tout pénétré d'un ardent enthousiasme,
est un des monuments les plus intéressants des luttes que nous
décrivons[2]. Le siège avait duré plusieurs jours; Condé et
d'Épernon décidèrent de donner l'assaut le 5 juin. Sûrs de
vaincre, les assiégeants étaient décidés à ne pas faire de quar-

---

1. *Mémoires* de Richelieu, coll. Michaud et Poujoulat. Sér. II, t. VII, p. 569.
L'instruction datée d'avril 1628 se trouve dans la collection Avenel.
2. Relation du siège de Saint-Affrique en 1628. Une belle édition en a été
publiée par le savant historien de Montpellier, M. A. Germain (Montpellier
Boehm et fils 1874). Plusieurs expressions prouvent, à n'en pas douter, que
Bastide est l'auteur de ce récit.

uer: les femmes même seraient livrées au bon plaisir de la soldatesque. L'assaut fut donné simultanément sur quatre points avec, une ardeur furieuse, mais les défenseurs restèrent inébranlables sur leurs murailles. L'attaque, cinq fois renouvelée, fut repoussée cinq fois. Entre tous, se distingua par la plus éclatante bravoure, le frère de Louis d'Aubais, Saint-Estève, qui dirigeait la défense sur un des points attaqués. Les femmes prirent leur part de la défense; elles portaient des rafraîchissements aux soldats, travaillaient aux fortifications, et ne craignaient même pas de prendre l'épée pour seconder leurs pères et leurs frères au plus fort du péril. A l'approche de la nuit, le prince de Condé se vit forcé d'abandonner l'assaut, qui lui avait coûté quatre cents morts et trois cents blessés; l'attaque avait définitivement échoué. La nuit retentit longtemps encore des hymnes et des actions de grâce des habitants, bénissant Dieu de leur délivrance [1].

L'insuccès de l'entreprise contre Saint-Affrique fit renoncer Condé et Montmorency à tout plan régulier de campagne; leurs opérations ne consistèrent plus qu'à dévaster au hasard les campagnes fertiles qui entouraient les villes protestantes. Des bandes de pillards, appelés *gastadours*, suivaient leurs

---

[1]. « Le cinq du mois de juin » raconte l'auteur de la relation du siège de Saint-Affrique « jour digne de mémoire pour les églises, s'il en a été depuis longtemps, tout se prépare, de la part des ennemis, à donner l'assaut, et de la part des assiégez à la deffense.

« Les femmes et filles, continue-t-il, font des merveilles à charier des pierres, chaux, cendres et fascines... On fait la prière par tous les quartiers avec une ferveur incroyable... L'ennemi dresse ses échelles, monte sur la brèche... les hurlements, les mousquetades, les canonnades, les coups de part et d'autre remplissent l'air d'un son affroyable, le ciel d'obscurité et d'horreur, et couvrent la terre de corps morts et de sang. Jamais attaque ne fut plus hardiment ni plus furieusement avancée : jamais attaque ne fut plus courageusement repoussée.

« Mais quoi! La gloire, dit-il encore, ne doit point être dérobée au généreux et mâle courage des filles de Saint-Affrique, qui, au milieu des mousquetades et canonnades, ont fait honte à plusieurs bien peignez, qui avec leurs chapeaux à la mutine avoient tellement donné place dans leurs âmes à la peur, qu'ils ne demandoient que des occasions pour fuir mêmement pendant l'assaut. Ces filles donc ont tellement signalé leur courage qu'elles ont fait voir combien grands sont les efforts de la vertu dans le cœur de ce sexe et de cet âge. Ces trois particulièrement ont ravi en admiration et les soldats et les chefs, la demoiselle Anne de Fabry, fille du sieur Fabry, bourgeois, celles de Jaques de Navarre et de Jaques de Valeri. Elles ont été toujours et infatigables au travail des fortifications, et des amazones aux combats. »

Ces extraits suffiront pour faire connaître l'esprit et le style de cette relation, que M. Germain qualifie avec raison de « récit vraiment homérique. »

armées, et le *Journal officiel* du temps, le *Mercure français*, est plein de récits montrant avec quel succès ceux-ci accomplissaient leur mission barbare. De son côté Rohan, menacé à la fois par les armées de Condé et de Montmorency, et par la forte garnison de Montpellier, ne pouvait rien entreprendre d'important et se contentait d'empêcher l'ennemi d'avancer. Lui aussi, du reste, faisait à ses ennemis une guerre sans trêve ni merci [1].

Cependant tous les regards étaient tournés vers la Rochelle qui, à ce moment, presque épuisée, luttait encore contre la famine devenue chaque jour plus cruelle. Bientôt les protestants du Languedoc apprirent que l'héroïque cité avait succombé; ils n'envisagèrent qu'avec un profond découragement le sort qui allait bientôt les frapper eux-mêmes.

VI

On peut se demander pourquoi, dans les derniers mois du siège de la Rochelle, quand les habitants exténués par la faim et par les maladies, n'auraient pu opposer une résistance sérieuse, Richelieu ne fît pas emporter d'assaut la ville, au lieu d'attendre la capitulation des assiégés. Le cardinal ne s'exprime pas clairement à cet égard dans ses Mémoires [2]; mais pour la postérité qui embrasse sa carrière dans son ensemble, la réponse n'est pas difficile. Richelieu, en même temps qu'il enlevait aux huguenots leur organisation politique, était bien décidé à ne pas empiéter sur leurs libertés religieuses. Cette conduite lui était dictée aussi bien par ses vues larges sur la question religieuse

---

1. Un des événements de cette guerre qui ont laissé les plus sombres souvenirs, c'est la capitulation de Gallargues, en octobre 1628. Condé traita avec la plus grande cruauté la garnison prisonnière ; il fit exécuter les officiers et envoya les soldats aux galères en leur faisant subir les plus mauvais traitements. Rohan usa de représailles conformément à une décision prise dans l'assemblée provinciale à Anduze : il fit aussi exécuter un certain nombre d'officiers prisonniers. « Vous me contraignez à une façon d'agir en désaccord avec mon penchant naturel, » dit-il dans la lettre pleine d'une amère ironie, qu'il écrivit dans cette circonstance au prince de Condé. *Doc. inéd.* VIII.

2. Coll. Michaud et Poujoulat, sér. II, t. VII p. 551.

ue par la position qu'il avait prise vis-à-vis de l'Europe protestante. C'est pour cela qu'il voulut prévenir l'explosion
d'effroyable fanatisme qui n'aurait pas manqué de se produire
si les soldats avaient pénétré d'assaut dans la Rochelle.

Après la reddition de la ville, nous voyons Richelieu suivre la
même politique à l'égard des protestants du midi. Il cherche,
par des négociations et des intrigues, à diviser les villes protestantes et à les amener à conclure la paix séparément. En revanche il différa le plus longtemps possible d'employer les armes,
et même quand la guerre eut recommencé, son but principal
fut toujours de profiter des divisions qui régnaient entre les
huguenots pour hâter la dissolution du parti. Mais bien que
Richelieu fît tout pour rassurer les huguenots sur les intentions du gouvernement, il ne put pas toujours empêcher les
cléricaux d'agir à leur égard de la façon la plus odieuse.

Ce qui se passait alors en Languedoc était de nature à causer
aux protestants les plus vives alarmes. La plaine riche et fertile
qui entoure Montpellier est parsemée de villes et de villages dont
la population est en majeure partie protestante. L'insurrection
ne s'était point étendue jusque-là, et les habitants avaient supporté patiemment les contributions et les charges de plus en
plus lourdes que leur avaient imposées les commandants des
armées royales. Cela ne les empêcha pas d'être en butte, peu
après la chute de la Rochelle, à la plus cruelle persécution. Des
jésuites arrivèrent sur les lieux, accompagnés de commissaires
et de soldats, et contraignirent des milliers de protestants à
passer au catholicisme. Ils prétendaient que ces huguenots
avaient été ramenés dans le giron de l'église apostolique « par
la grâce de Dieu » et non par la violence[1]; mais plus d'un con-
temporain porte un témoignage bien différent. Les ministres
protestants étaient jetés en prison ou bannis, et leurs ouailles
traînées à l'église catholique au milieu des coups et des in-

1. Récit véritable de la conversion générale des villes et villages de Saint Pargoire, Pleissan, Pougel, Vindemian, Cornonsee, Cornonteral, Pouzan et Balaruc
à la foy catholique, apostolique et romaine, faict et dressé par le père Bonaven-
ture d'Amiens, Avignon, 1 février 1829. Bibl: nat. petites pièces imprimées.

jures, étaient contraintes d'abjurer la religion de leurs pères [1].

Alors même que Rohan et son parti eussent été disposés à se soumettre, de pareils actes leur auraient remis l'épée à la main. Nous voyons par une lettre du temps quel était l'état des esprits dans le camp huguenot; on y lit: « sans plus de dissimulation, leur dessein s'en va à l'anéantissement de notre religion et à l'extirpation de l'église, et il n'y a plus d'espoir de seureté et de liberté que dans une généreuse résolution de mourir pour notre juste et vigoureuse déffence [2]. »

Ils disposaient encore, d'ailleurs, de forces assez importantes pour rendre possible une· longue résistance. Le parti possédait plus de trente villes groupées dans un territoire de cinquante à soixante lieues de longueur [3] et de ces villes, vingt à vingt-cinq étaient assez fortes pour pouvoir soutenir un siège en règle. L'effectif des régiments protestants était encore au complet; officiers et soldats étaient plus que jamais désireux de combattre. Aussi Rohan était-il décidé à ne conclure la paix qu'à des conditions assurant à ses coreligionaires les principaux avantages que leur avait concédés l'édit de Nantes. Il tenait par-dessus tout à maintenir l'union qui s'était formée sous ses auspices. Car, pensait-il, si Richelieu parvenait à accomplir son projet de détacher de l'union les villes une à une, il n'y aurait plus de sécurité pour les huguenots [4].

Cependant Rohan commençait à douter de l'appui des popu-

1. Lettre à m. Talerande et Bazin, députés généraux des églises en France du pasteur de Pargoire, 12 janv. 1629 : bibl. nat. Manuscrits de *Du Puy* 100 *fol.* 306. *Chronique de Mauguio* publiée par A. Germain, Montpellier 1876, fr. 56.
2. L'assemblée de Nîmes au roi d'Angleterre, 12 mars 1629 ; Engl. Reg. Off. S. P. France.
3. Dans un écrit adressé au gouvernement anglais, Rohan énumère les villes suivantes comme reconnaissant son autorité : dans le bas Languedoc Nîmes, Uzès, Aimargues; dans les Cévennes, Anduze, Sauve, Hippolyte, Alais, Saint-Ambroix, Ganges, Sumène, Le Vigan ; dans le Vivarais, Privas et Soyon; dans le haut Languedoc, La Caune, Viane, Brassac, Mazamet, Castres, Roquecourbe. Puylaurens Revel, Soreze, Briateste; en Rouergue, Meyrueis, Milhaud, Saint-Affrique, Cornuz, Pontcamarez; dans le pays de Foix, Mazères, Saverdun, Le Carla, Mas d'Azil; dans le Quercy, Montauban et Caussade; de plus Rohan disposait dans ces cantons d'un grand nombre de châteaux et d'endroits moins importants. Engl. Reg. Off. S. P. France mai (2) 1629.
4. Il jugea qu'une paix générale quelque désavantageuse qu'elle pût être. étoit meilleure qu'une dissipation des édits, qui s'ensuivroit indubitablement, si chaque communauté faisoit sa paix en particuliers; *Mémoires* de Rohan, p. 601.

lations qu'il avait jusqu'alors entraînées avec lui et qui, électri-
sées par son zèle et son éloquence, avaient accepté les plus
grands sacrifices. « Car, » dit-il, « les peuples, las et ruinés de
la guerre, et qui de leur naturel s'abattent fort facilement dans
l'adversité, les marchands s'ennuyant de ne gagner plus rien,
les bourgeois voyant leurs possessions brûlées et incultes, tous
inclinoient à avoir une paix en quelque façon que ce fût. » Et
déjà l'on commençait secrètement ou même en public à délibérer d'abandonner l'union des églises[1].

Richelieu s'empressa de profiter du découragement des protestants. Dans une proclamation du 15 décembre, il promettait
pardon plein et entier à toutes les villes insurgées, et à tous les
particuliers qui feraient leur soumission dans la quinzaine, les
villes par l'entremise de députés, les particuliers en personne[2].
Et peu après un agent du gouvernement nommé Jean Dejean,
membre du parti royaliste de Montauban, ouvrit des négociations directes avec les villes protestantes. Ce Dejean reçut à
Paris les instructions du gouvernement, et deux lettres d'Auguste Galland aux habitants de Castres et de Montauban, où
celui-ci mettait toute son éloquence à les persuader d'envoyer
des députés au roi pour l'assurer de leur soumission. Jusque-
là, écrivait-il, les protestants avaient été divisés de sentiments ;
mais maintenant que le malheur les menaçait tous, qu'ils étaient
comme des naufragés sur une mer orageuse, il n'y avait plus
d'autres moyens de salut que de recourir d'un commun accord
à la clémence royale[3].

Lorsque Dejean arriva en Languedoc, à la fin de décembre,
les huguenots avaient repris cœur, et tous ses efforts furent
vains. A Castres il ne réussit pas à se faire écouter, et à Montauban on lui répondit que la population était bien décidée à
rester fidèle à l'union des églises[4]. Une autre négociation ou-

1. *Mémoires* de Rohan, p. 590.
2. *Mercure français*, tome XV.
3. Bibl. nat. fonds. franç., 20 964 fol. 132, 161.
4. Voyage de Jean Dejean. Bibl. nat, fonds franç., 20 965 fol. 95.

verte par l'évêque de Mende n'eut pas plus de succès. Repoussé
de Montauban, il s'adressa à Rohan et lui offrit les conditions
les plus avantageuses, s'il abandonnait la cause. Mais Rohan se
montra comme toujours inaccessible à toutes les propositions
de la cour [1].

Cependant ce qui se passait à Castres n'était pas sans causer
des soucis à Rohan. Après que la ville s'était déclarée pour le
parti de la résistance, de Suc, Le Roy, Lacget, Madiane et autres chefs du parti opposé, l'avaient quittée ; mais les royalistes
y étaient encore nombreux, et leurs intrigues rendaient la situation de jour en jour plus critique. De plus, un désaccord qui
pouvait avoir des suites dangereuses venait d'éclater au sein
du parti populaire. Rohan avait nommé un gentilhomme, Chavagnac, gouverneur de la ville ; mais le vaniteux Saint-Germier,
qui avait été à la tête du parti, chercha par tous les moyens a
créer des embarras au nouveau gouverneur, et dans la lutte
lui et ses amis prirent une attitude toujours plus hostile à
Rohan.

Rohan, pensant que sa seule présence suffirait pour que tout
rentrât dans l'ordre, se rendit à Castres avec son ami du Puys
à la tête d'un détachement considérable (décembre 1628.) Les
lettres et les mémoires du temps s'expriment avec la plus vive
indignation sur la sévérité avec laquelle Rohan traita ses adversaires à cette occasion ; et en effet il prit certaines mesures qui
enfreignaient les privilèges si chers aux habitants. Il remit
l'administration de la ville à un conseil de direction choisi exclusivement dans les rangs du parti populaire ; il bannit un
grand nombre d'habitants sur la fidélité desquels il ne croyait
pas pouvoir compter, et parmi eux trois des consuls de l'année
précédente ; il imposa à ses adversaires, entre autres à Madiane,
son ancien ami, de lourdes contributions ; enfin il fit brûler les

---

1. Registre des conseils de Montauban, archives municipales de Montauban ;
février 1629. Mémoires du duc de Rohan p. 591. Une tentative ultérieure de l'é-
vêque de Mende pour décider Montauban à la défection échoua également ; p.
592. A Saverdun seul les royalistes firent prévaloir leur avis et cette ville s'empressa de faire la paix avec la cour.

demeures d'un certain nombre de royalistes fugitifs[1]. La plupart de ces mesures lui étaient imposées par une impérieuse
nécessité; en revanche les actes de clémence ne sont pas rares
dans l'histoire de Rohan à cette époque[2]. Il avait ainsi déjoué
les intrigues des royalistes; l'élection au consulat pour l'année
1629 de son fidèle adhérent La Pierre, vint encore affermir
son autorité. Mais après avoir en vain cherché à réconcilier
Chavagnac et Saint-Germier, il se vit enfin contraint de bannir
ce dernier de Castres.

A ce moment Rohan décida de convoquer en assemblée générale des députés de toutes les communes unies; déjà l'assemblée d'Uzès l'avait engagé à procéder le plus tôt possible à
cette convocation; mais il avait tardé à le faire, persuadé que
la réunion d'une grande assemblée délibérante n'était pas
opportune dans un moment où toutes les forces devaient être
activement dirigées contre l'ennemi commun. Maintenant que
le danger était plus pressant que jamais, il comprit que,
seule, une assemblée représentative aurait l'autorité nécessaire
pour inspirer confiance aux communes.

Après les élections dont le résultat avait été en somme conforme aux désirs de Rohan, l'assemblée générale se réunit à
Nîmes à la fin de janvier[3]. Son premier acte fut de renouveler
le serment d'union[4] en séance solennelle, dans le temple, en
présence du peuple convoqué à cet effet. Dans un manifeste
qu'elle rédigea ensuite, l'assemblée condamna la proclamation
royale du mois de décembre comme trompeuse et faite pour
semer la désunion dans les églises; en revanche elle se dé-

---

1. *Mémoires* de Madiane et correspondance de Lacger; coll. Charles Pradel,
lettre de Le Masuyer à Galland du 7 janvier 1629; bibl. nat. fonds franç., 15 828
fol. 176. doc. ined. I𝖷 X.

2. Un royaliste condamné à mort, nommé Carbon, fut, à la prière du conseil,
gracié par Rohan peu avant l'exécution. La sentence avait été prononcée par un
tribunal établi par ordonnance spéciale de Rohan. Extraits de Castres, délib. du
19 janvier.

3. *La France protestante*, anc. éd. art. Rohan, donne à tort le premier janvier
comme date de la première séance de l'assemblée; Rohan y assistait, or le 19
janvier encore, il signait des ordonnances à Castres avant son départ pour
Nîmes.

4. Voyez la lettre de Rohan. Au mois de novembre déjà, le serment d'union
avait été, sur la proposition de Rohan, renouvelé dans les différentes communes.

clara prête à accepter avec joie une paix comprenant l'Union toute entière et assurant aux communes protestantes un repos durable[1]. Nous ne savons que peu de chose sur ce qui se passa dans cette dernière grande assemblée politique des huguenots. Quelques données éparses nous permettent cependant de conclure qu'elle siégea sans interruption jusqu'à la paix d'Alais, et qu'elle prit, pendant ce temps, une part active à la direction des affaires du parti[2].

Les mesures énergiques de Rohan avaient rendu au parti protestant sa cohésion, il n'était cependant pas capable de résister seul aux forces réunies de la monarchie. Rohan le comprit, aussi le voyons-nous invoquer de nouveau le secours de l'étranger. Il s'adressa d'abord à l'Angleterre qu'un traité liait encore à l'union des églises, même après la chute de la Rochelle, le roi d'Angleterre l'avait assuré de son attachement constant à la cause des protestants français, et de sa résolution de ne conclure la paix avec la France que de concert avec les réformés[3].

Les archives du royaume d'Angleterre contiennent un grand nombre de lettres, adressées, soit par Rohan, soit par l'assemblée de Nîmes, au gouvernement anglais, et qui invoquent son aide dans les termes les plus pressants. C'était, selon ces lettres, l'Angleterre qui par ses promesses avait décidé les huguenots à entreprendre la guerre, et ce serait de sa part, une insigne violation des traités que de les abandonner maintenant à leurs seules ressources. Ses prières devenaient de jour

1. *Mercure franc.* tome XV.
2. La *France prot.*, art. Rohan, dit aussi : « nous n'avons pas trouvé les actes de cette assemblée. » Nous trouvons dans les délibérations de Nîmes du 18 mars et du 3 avril 1629, quelques renseignements sur les rapports de l'assemblée avec les autorités municipales; (Archives de la ville de Nîmes.) Une réponse au manifeste, intitulée : le repos des esprits, peignait sous de sombres couleurs l'oppression à laquelle Rohan soumettait les communes protestantes. Cette polémique continua dans un grand nombre d'écrits qui témoignent de la fermentation à laquelle les esprits étaient en proie. Le Mercure français, tome XV, énumère les titres de ces pamphlets et donne le résumé d'un certain nombre d'entre eux.
3. Nous ne conclurons jamais de paix, que nous ne soyons bien assurés que vostre paix ne soit non seulement mise en avant, mais réellement effectuée. La Majesté de la Grande-Bretagne au duc de Rohan. 12 janvier 1629. Engl. Rec, Of. S. P. France.

en jour plus instantes et les reproches plus amers[1]. « Je me perderay, mais ce sera sur la parole d'un Roi. Ma perte sera honorable pour moi, mais honteuse pour ceux qui me l'auront causée. » Ainsi s'exprime Rohan.

La froideur avec laquelle le gouvernement anglais accueillit les instances des huguenots tenait pour une part sans doute à l'embarras de sa position financière et au désaccord qui régnait entre lui et le parlement; mais elle résultait aussi en partie de causes plus générales. En effet la situation politique de l'Europe était plus que jamais défavorable pour les huguenots. Richelieu était intervenu, avec sa promptitude et sa décision ordinaire, dans la guerre de succession de Mantoue, et se rendait alors en Italie à la tête d'une armée considérable pour y combattre l'Espagne. Il reprenait ainsi sa politique de 1624, et donnait aux ennemis de l'Espagne et de l'Autriche l'espoir de tenir en échec, avec son aide, deux puissances dont la prépondérance était une menace continuelle pour la paix de l'Europe. Aussi la Hollande, le Danemark et Venise cherchaient-ils de tout lour pouvoir à amener une réconciliation entre la France et l'Angleterre, dût-on même pour cela sacrifier les intérêts des huguenots. Les espérances des protestants ne tardèrent pas en effet, à être cruellement déçues; l'Angleterre conclut la paix avec la France sans qu'il fut question d'aucune réserve en faveur de l'Union des églises[2].

Dans cette extrémité, Rohan rechercha l'appui d'une puissance dont la politique devait cependant lui être particulièrement antipathique. Nous avons vu qu'au commencement de 1626, un rapprochement avait eu lieu entre les huguenots et l'Espagne; dès lors, le peu que nous savons de cette histoire assez obscure nous porte à croire que les relations n'avaient jamais complètement cessé. Mais, ce ne fut qu'au moment où les protestants, abandonnés de leurs alliés naturels, se trouvaient dans la situation la plus critique, qu'une alliance for-

1. Lettre du duc de Rohan, dat. Nîmes, 12 avril 1629.
2. L. v. Ranke: Französische Geschichte; sammtliche werke, vol. 9, p. 259.

melle fut conclue entre eux et l'Espagne. Rohan fut surtout
poussé à cette extrémité par les difficultés financières qu'il avait
à surmonter; en effet la guerre avait épuisé les ressources que
lui avaient fournies les impôts de la couronne, les revenus des
églises catholiques et les contributions des villes unies; aussi
ne recula-t-il devant aucune promesse pour arracher des sub-
sides à l'Espagne. Le 3 mai il conclut par l'entremise d'un
agent, Clauzel, un traité d'alliance avec le roi d'Espagne. Celui-
ci s'engageait à lui fournir un subside de 360 000 ducats;
Rohan en revanche promettait, au cas où son parti deviendrait
assez puissant pour former un État particulier[1], de rester à
jamais l'allié de l'Espagne et de prendre au besoin les armes
pour celle-ci contre le gouvernement français.

Mais de part et d'autre ces engagements étaient illusoires,
car dans les circonstances du moment, l'idée de former une
république protestante indépendante ne pouvait être sérieuse;
de son côté le gouvernement espagnol ne fit rien pour tenir
ses promesses. En somme, cette négociation ne doit être considérée que comme une planche de salut à laquelle Rohan crut
pouvoir se rattacher dans une situation désespérée, et il serait
injuste de juger trop sévèrement sa conduite à cette occasion.

Cependant par suite de la guerre où était engagé Richelieu,
les huguenots jouirent de quelques mois de tranquillité; mais
ce répit fut de courte durée. Après une rapide et brillante campagne en Italie, Richelieu bien décidé à en finir avec les huguenots, ramena dans le midi de la France une armée victo-
rieuse de 50 000 hommes environ. Les dernières scènes de la
lutte que nous avons à raconter vont nous offrir un sombre
tableau. L'approche des troupes royales mit dans le plus grand
désarroi les huguenots, convaincus dès lors que leur cause
était perdue. On vit reparaître, avec plus de violence que jamais,
les anciennes divisions dans le sein du parti, affaibli encore par
le déchaînement d'intérêts égoïstes. Tout annonçait une disso-

1. Cas advenant que ceux du parti puissent se rendre si forts qu'ils se puissent
cantonner et faire un état à part. Mercure franc. tome XV.

lution prochaine; Rohan seul n'avait rien perdu de sa constance
et de sa fermeté. Les difficultés et les périls semblaient même
avoir décuplé son énergie. « Nous le montrerions ici » dit un
écrivain distingué[1] rassurant les esprits par sa présence, dé-
jouant les complots des partisans de la paix à tout prix, pré-
venant les défections de ses lieutenants par des mesures énergiques; là, renforçant les garnisons des villes, pourvoyant aux
approvisionnements des places fortes, travaillant jour et nuit à
mettre les points stratégiques importants en état de défense;
partout, déployant tant d'habileté à réparer ses fautes ou à
profiter de celles des autres, et tant d'audace à porter à l'ennemi des coups imprévus qu'il se faisait craindre même en
cédant du terrain. »

Les premières rencontres ne furent pas favorables à Rohan.
Le 12 mai il subit une défaite signalée près du bourg de Cal-
visson, non loin de Nîmes, et n'échappa lui-même qu'à grand'-
peine au péril. Peu après, les événements dont le Vivarais fut
le théâtre, répandirent la terreur parmi les protestants. Privas,
capitale de ce pays, avait été pourvu par Rohan d'une garnison
de cinq cents hommes, et était défendu en outre par une
milice nombreuse et une bourgeoisie exercée aux armes.
Rohan avait confié la défense de la ville au vaillant Saint-André
de Montbrun, qui, disposant d'une force armée considérable,
refusa de se rendre, et pendant plusieurs jours repoussa avec
la plus grande bravoure les attaques des troupes royales. Cependant les intrigues royalistes répandirent bientôt le découragement au sein de la population. La plus grande partie de la
bourgeoisie et de la milice s'enfuit dans les campagnes environnantes. Saint-André fut fait prisonnier, et le 29 mai, les
troupes royalistes prirent d'assaut le fort de Toulon, défense
principale de la ville. Privas fut livré pendant plusieurs jours
au pillage, à l'incendie, à tous les excès d'une soldat que
altérée de vengeance; les habitants et les défenseurs de la ville

---

1. La *France protestante*. Anc. éd. art. Rohan.

furent en grand nombre passés au fil de l'épée, pendus ou envoyés aux galères; leurs biens furent confisqués, et une ordonnance royale décréta que dorénavant personne ne pourrait s'établir dans la ville, sans une autorisation expresse du roi. Le gouvernement essaya ensuite de rejeter sur des circonstances fortuites la responsabilité de ces atrocités; mais, il est hors de doute qu'il était décidé d'avance à terroriser les huguenots en infligeant à Privas un châtiment exemplaire[1].

Mais l'intention de Richelieu était moins, nous l'avons vu, de réduire les huguenots par la force que de les amener par une politique prudente et habile à une soumission volontaire. C'est pourquoi, tandis que le succès de ses armes répandait la terreur parmi eux, il n'en poursuivait pas avec moins de zèle les intrigues secrètes par lesquelles il semait la discorde dans le parti.

Des lettres échangées entre deux agents de Richelieu, Danchies et Dagrel nous donnent des détails sur ses relations avec les huguenots. Danchies était un gentilhomme au service de la reine, et récemment gagné au catholicisme. Mais il avait tenu secrète sa conversion pour conserver, dans l'intérêt de la cour, son influence auprès des protestants. Parmi les nombreux parents et amis avec lesquels il était en correspondance, c'est dans son beau-frère Dagrel qu'il avait trouvé son plus zélé collaborateur. Celui-ci était protestant, et avait parmi ses coreligionaires la réputation d'un partisan dévoué de la cause, quoique depuis longtemps la passion religieuse eût fait place dans son âme aux calculs de l'intérêt. Aussi n'hésita-t-il pas à se faire, entre les mains de Danchies, l'instrument de Richelieu[2].

1. Dès le 28 avril Danchies écrivait à Dagrel. « L'on me donne advis aussi de vous écrire que la ville succombera et que le roi donne curée aux soldats et met tout à feu et à sang afin de donner de la terreur aux autres villes et méchants lieux. « Le 27 mai le roi écrivait à la reine; « je me suis résolu à ne leur faire nulle capitulation et de les faire tous prendre; » Bibl. nat. fonds franç., 3, 828 fol. 75 Cf. Avenel, *Lettres de Richelieu*, 30 mai 1629, et Henri Martin, *Histoire de France*, tome X, p. 302.

2. Danchies disait à Dagrel : « vous avez les pieds blancs qui passez partout et cogneu pour estre zélé en party. » Dagrel dit lui-même : « Le métier de huguenot ne vaut plus rien. » La copie de ces lettres se trouve Bibl. nat. fonds franç., 18, 972. Avenel parle de cette collection dans ses *Lettres de Richelieu*, — février 1629.

Au temps du siège de Privas, nous voyons Dagrel visiter, selon les instructions de Danchies, plusieurs des villes unies. Il s'adresse à des personnes ayant de l'autorité dans le parti populaire, mais dont le zèle avait pour un motif ou pour un autre commencé à chanceler. Il les engageait à faire leur soumission au roi, et employait dans ce but, soit des lettres de Danchies qu'il leur transmettait, soit les menaces ou les séductions. « La moitié des villes unies, disait-il, étaient en négociation avec le gouvernement et il n'était pas douteux qu'elles n'ouvrissent leurs portes à l'approche des armées royales. Mais qu'une ville essayât de résister, ses habitants seraient traités avec la dernière rigueur, et dépouillés de leurs libertés et de leurs privilèges ; ils auraient lieu de regretter amèrement leur opiniâtreté. » Il ajoutait que Rohan était un traître, depuis longtemps en négociation avec Richelieu, et qui ne visait qu'à se ménager des avantages personnels aux dépens de son parti.

Dans une lettre du 10 juin, Dagrel raconte le succès de ses menées. Lui et ses agents avaient reçu partout, disait-il l'accueil le plus empressé. A Nîmes, il s'était concerté avec quelques-uns des principaux habitants sur les mesures à prendre. A Uzès les consuls et le conseil avaient été convoqués pour entendre ce qu'il avait à leur communiquer, et s'étaient montrés tout disposés à faire leur soumission. A Anduze, chef-lieu des Cévennes, il était entré en communication avec un pasteur réformé nommé Baille, prédicateur distingué, membre très zélé du parti de la guerre, et qui à tous ces titres, jouissait d'une grande autorité dans la ville et dans les communes rurales des environs. Effrayé par les menaces de Dagrel et séduit par ses promesses, il s'engagea à user de toute son influence au service de la cause royale. Le même empressement accueillit Dagrel et ses agents à Alais, Castres et Milhaud. Seul le gouverneur de Montauban, Saint-Michel, repoussa obstinément toutes les ouvertures qui lui furent faites[1].

---

1. Danchies à Dagrel le 10 juin, *Documents inéd.* XIV I. 2.

Voici comment Rohan, lui-même, dépeint le désarroi qui régnait dans son parti. « Ce fut alors que les partisans que le roi avait dans nos villes prirent cœur, offrant des paix particulières pour détruire la générale. — Les assemblées de diverses communautés se formèrent à ma vue et malgré moi, pour demander la paix en particulier. Tous les principaux du parti, peu exceptés, cherchaient noise, ou entre eux, ou avec moi ; plusieurs d'eux traitent en particulier, car on ne pensait pas à sauver du naufrage que ce qui était sien, bref nul ne songeait au général[1]. » En vain Rohan pressa les vaillantes et belliqueuses populations des Cévennes de se lever en masse pour la défense de leurs foyers et de leur religion, en vain il les conjura de mettre leur confiance en lui et de faire un suprême effort ; toutes ses prières, toute son énergie restèrent sans effet, grâce à la trahison et à la lâcheté de son entourage.

Le Vivarais se soumit ; plusieurs petites villes des Cévennes suivirent son exemple ; les intrigues royalistes firent bientôt succomber Alais, qui se rendit le 16 juin. En même temps, Nîmes, Castres et Montauban appelaient du secours contre les troupe royales qui menaçaient de renouveler leurs dévastations dans les environs de ces villes. La confusion allait augmentant ; déjà des députés de plusieurs villes s'étaient réunis à la Salle pour mettre en question l'ouverture de négociations pour la conclusion de traités séparés[2].

Rohan comprit qu'il n'y avait plus qu'à accepter la paix à quelques conditions que ce fut ; il en fit la proposition dans une assemblée provinciale à Anduze. Des paroles amères furent prononcées de part et d'autre dans la première séance de cette assemblée ; mais un échange d'explications montra bientôt que la méfiance qui avait longtemps régné entre Rohan et les communes, était l'œuvre des agents royalistes. Une réconciliation

---

1. Apologie sur les derniers troubles etc ; *Mémoires* du duc de Rohan. Un violent désaccord avait éclaté entre Daubaïs et de Lcques et paralysait leur activité. Lettre de Dagrel à Danchies le 14 février.
2. Danchies à Dagrel 15 mai 1629, Dagrel à Danchies 10 juin, Documents in XIV, I. 2.

s'en suivit : les députés s'engagèrent à rompre toute négociation particulière et à attendre le résultat de celles que Rohan
allait ouvrir au nom du parti tout entier [1].

Rohan fit savoir cette décision à Richelieu, par l'entremise
d'un protestant très considéré, Candiac ; il se réserva en même
temps le droit de convoquer l'assemblée générale de Nîmes à
Anduze, pour y discuter avec le cardinal les conditions de paix.
Richelieu consentit après quelques hésitations, et les difficultés
préliminaires ayant été surmontées, une convention fut conclue
sur les bases suivantes : les fortifications des villes protestantes
seraient rasées, l'organisation politique du parti cesserait
d'exister, mais les huguenots conserveraient sans restriction,
la liberté religieuse que leur octroyait l'édit de Nantes [2].

On peut juger de la funeste signification que ce traité avait
pour les protestants par le fait qu'aucune des autorités du parti ne voulut seule en assumer la responsabilité. L'assemblée
générale d'Anduze ne voulut se prononcer qu'après que le traité eut été approuvé par une assemblée populaire de cette ville,
et par l'assemblée provinciale des Cévennes ; encore crut-elle
devoir se renforcer de douze représentants extraordinaires de
Nîmes et d'Uzès, et d'un nombre égal de membres de l'assemblée
provinciale d'Anduze. Ensuite elle nomma des délégués qui
conclurent la paix en son nom à Alais le 28 juin 1629.

Cependant les deux principales communes protestantes, Nîmes et Montauban, n'acceptèrent pas tout de suite un traité de
paix par lequel elles se voyaient dépouillées de la liberté qui si
longtemps avait fait leur puissance et leur orgueil. Le 21 juin
encore, les habitants de Nîmes réunis en assemblée populaire,
déclaraient qu'ils n'acceptaient pas les conditions qui les livraient corps et biens au bon plaisir de leurs ennemis et qu'a-

---

1. *Mémoires* du duc de Rohan p. 601. Cette assemblée et le rôle qu'y joua le
pasteur Baille sont très heureusement dépeints dans une lettre de Dagrel à Danchies du 23 juin, *Documents inédits* XIV, 3.

2. Correspondance inédite du duc de Rohan, du cardinal de Richelieu et de
Louis de Montcalm, publiée par E. des Hours Farel ; *Bulletin* de la Société de
l'histoire du protestantisme français, 1862 sept. et oct. Le texte de « l'édit de grâce »
a été publié par Benoît, *Histoire de l'édit de Nantes*.

vant tout ils ne permettraient pas la destruction des fortifications[1]. Peu de jours après, pourtant, ils invitèrent eux-mêmes
le roi à faire son entrée dans leur ville; au mois d'août Montauban ouvrit à son tour ses portes aux armées royales.

Depuis ce moment l'histoire de France ne nomme plus ces
citadelles du protestantisme, ces communes indépendantes et
fortes qui si longtemps avaient tenu tête au pouvoir royal.
Leurs institutions municipales restèrent les mêmes, quant à
leurs forme extérieure; mais en réalité, ces cités ne se gouver-
naient plus elles-mêmes. Leur constitution du reste ne tarda
pas à être modifiée par des ordonnances royales. Les hommes
même que leurs sympathies royalistes avaient poussés à travailler de tout leur pouvoir à la dissolution du parti protestant,
virent avec douleur succomber les antiques franchises municipales.

Le duc de Rohan, ce dernier représentant d'une génération
d'esprits énergiques et hardis qu'avait suscités la Réforme,
et qui avaient fait de la défense du protestantisme le but de
leur vie, quitta la France après le traité d'Alais, pour se retirer
à Venise, avec Du Puy son inséparable compagnon.

Il avait mis, comme le prouve notre récit, la cause de la religion au-dessus de celle de la patrie; mais, pendant les quelques
années qui lui restaient à vivre il sut prouver qu'il n'avait pas
moins à cœur la gloire et la grandeur de la France. Il rendit
les plus éclatants services à son pays dans le Valteline, en Alsace,
et tomba enfin le 28 février 1638 à Rheinfelden, combattant
jusqu'au bout pour le protestantisme. La libre république de
Genève offrit un dernier asile à ce vaillant athlète qui, comme
Coligny, son illustre précurseur, ne parut jamais plus grand que
dans l'adversité !

Comme lui, ses principaux compagnons d'armes, d'Aubais, de
Lecques, Gondin et autres, se réconcilièrent avec le gouvernement et servirent ensuite, non sans honneur, dans les armées

1.' *Documents inédits*, XV.

du roi. Ces huguenots jusque-là si turbulents, devinrent dès lors des citoyens paisibles, industrieux, qui contribuèrent puissamment au bien-être et à la civilisation de leur patrie. Mais la sécurité dont ils jouissaient était absolument à la merci des passions hostiles qui régnaient dans l'entourage du monarque, et l'avenir prouva bientôt que Rohan et ses amis n'avaient pas tort de se méfier des promesses de la cour. Le parti clérical, qui déjà, en 1629, avait protesté contre la liberté religieuse accordée aux protestants par la paix d'Alais, grandit constamment en autorité après l'avènement de Louis XIV, et bientôt les protestants se virent en butte aux plus cruelles persécutions. Cette fois encore, comme au temps de Rohan, la noblesse et la haute bourgeoisie protestante ne surent pas résister à la pression du gouvernement. Les classes inférieures de la population, au contraire, la petite bourgeoisie et les artisans restèrent fidèles à la religion réformée, et maintinrent intacte à travers des siècles de souffrances la tradition de leurs pères[1].

C'est de leurs rangs surtout que sortirent ces prédicateurs zélés, ces pasteurs du désert, ces martyrs qui soutinrent et affermirent le courage des protestants jusqu'au jour mémorable où l'assemblée constituante de 1789 assura aux descendants des huguenots, par une juste réparation, la sécurité et la liberté de conscience.

1. G. Frosterus. *Les insurgés protestants sous Louis XIV* page 47, 48. Paris 1868.

DOCUMENTS INÉDITS

I

THE COPY OF MONS^R DE ROHAN LETTER TO ONE OF THE DEPUTIES.

Public record office. State Papers. France.

Monsieur Maleray, j'approuve les propositions que vous faictes pour mon payement : car je ne veux plus avoir affaire au Roy. Je vous prie de les proposer à mes gens. Quant aux affaires publiques, vous me cognoissez bien. Je desire la paix, et il la faut avoir. Je l'escris à mon frère par le sieur de Peucharnaud. Je vous prie de faire le semblable. Le sieur de La Miltière y est tout porté, n'en doubtez plus, et s'il faut qu'il aille à la Rochelle, il se portera come il faudra. Le bien du Royaume et l'instance du Roy d'Angleterre nous doibt faire relascher. Ce n'est pas que Nismes et tout le bas Languedoc ne veuillent dançer presentement, et n'attendent que mon ordre : mais il ne faut s'amuser là, il faut conclure la paix. Donc je vous prie de vous y porter encore un coup. Vous trouverez ledict sieur de La Miltière et Madiane entierement portez, etc.

De Castres, 24 d'aoust 1625.

HENRY DE ROHAN.

II

ORDONNANCE DU DUC DE ROHAN.

Bibl. nat., fonds franç., 23,491. Fol. 52. Copie.

Henry duc de Rohan, pair de France, prince de Leon, comte de Porhoué, etc. éhef et gnâl des egl^s refform. de ce Roy^e et provinces

7

de Languedoc et Guyenne, Sevennes et Gevaudan, à tous ceux qui
ces pñtes verront salut. Comme ainsy soit que les ennemys de la paix
et tranquillité publique et du repos et conservation de nos eglises
ayant conjuré la ruyne d'icelles et s'opposant aux bonnes volontés
et intentions du Roy ayent empesché jusques a pñt l'accomplissement du traicté de paix octroyé par sa Mᵗᵉ au gñâl de tous ceux qui
font profession de la relligion reff. et de touttes les villes et communautés d'icelles, ayant voulu pour cet effect depuis led. traicté frustrer
la ville de la Rochelle du benefice de lad. paix et luy desniant toutes
conditions justes et raisonnables et sa seureté et liberté, taschant a
mesme temps pour parvenir plus facillem. a la ruyne desunir dans
elle toutes les autres villes et communautés de ces provinces, se ser-
vant a ceste fin des pratiques et intelligences quilz ont avec diverses
personnes faisant profession de nostre Religion, lesquels par factions
monopoles et artiffices sefforcent de semer des divisions parmy
nous et induire lesd. villes a schismes et desunion entre elles; et
comme a l'opposite il nous est entierem. nécessaire de maintenir
et conserver par toutes voyes sages et raisonnables l'union qui a
esté tant de fois du temps de nos pères et du nostre sainctem. et
solennellem. jurée soubs l'obéissance subjection et fidellité au Roy
nostre prince et souverain seigʳ, entre tous les seigneurs et gentil-
hommes villes et communauttés faisant profession de lad. religion
pour l'entretien des édicts et libertés de nos consciences, seureté et
conservation de nos lieux et villes, et de nouveau confirmée en l'assemblee de touttes les provinc. tenue en la ville de Milhau le 1 Nov.
dern. et d'obvier tous inconveniens qui pourroyent naitre des mono-
polles et artiffices de ceux qui sont mal affectionnés a icelle, qui
pour interest de leurs advantages et commodités particullieres
accommoddent leur ministere et entremise aux mauvaises intentions
de nos ennemys pour nous diviser et desjoindre les uns davec les
aûes; A ces causes de l'advis de nostre conseil nous avons par ces pñts
declaré et declarons que toutes personnes de quelque qualité et condition quilz soyent faisant profession de lad. Religion R. dans le
destroict et estendue des provinces susd. qui ne se tiendront a lad.
union, diront ou feront chose aucune tendant a diviser tant les particuliers que les villes et communautes de l'union gñâlle de nos eglᵉˢ
mesmes a les induire a se despartir davec la ville de la Rochelle, habandonner ou accepter aucune condition de paix sans quelle soyt

comprise au benefice dicelle seront poursuivys comme deserteurs
de l'union par toutes voyes deues et raisonnables et proceddé allencontre de telles personnes comme deserteurs de lunion traistres et
infidelles au party de nos egl⁵. Et dautant qu'en la presente ville de
Castres se sont trouvés plusieurs telles personnes qui remplys de ces
mauvaises intentions ont procuré en tant qu'en eux est la desunion
de lad. ville, mesmes de touttes les provinces non seullem. de la
ville de la Rochelle, mais de toutes les aûes villes et communautés
faisant profession de lad. religion Refor. Et entre aultres les sieurs
Leroy lieutenat, Remond procureur du Roy, Josion pasteur,
Bissot advocat, Pelissier bourgeois pere et fils, Dumas advocat, La
Frisiere, de Grandis, Lissard cap^nes, Lissarague notaire, Rauly, De
Fos app^re, Celaries lieutenant de Puilaurens, lesquels tant par artiffices
et par intimidations force et viollence ont fausem. soubs le nom
des habitants de lad. ville, contre le gré et consentement de la plus
grande et saine partye diceux, faict *dresser un acte du XXIII dernier
tendant a desunion et habandon de lad. ville de la Rochelle* et de
touttes les autres villes et communautés de la Religion, et nonobstant qu'en nostre prîte tous les habitans de lad. ville assemblés depuis
a diverses fois en con^el gñàl ayent declaré unanimem. juré et promis
voulloir perseverer en lunion gñalle de nos Églises et particullière-
ment avec la ville de la Rochelle et aûes communautés de la Relligion, les *desusdicts* ont non *seullem. reffusé d'ensigner lacte* quoy
que résollu et arresté en leur presence, mais encores se sont efforcés
par diverses brigues et monopoles den eluder leffect; affin dobvier
aux inconvéniens qui pourront naitre de la mauvaise affection des
susnommés au prejudice du bien et conservation de la présente ville
repos et seureté dicelle apres qu'il nous a suffisamment appareu de
ces choses :

Avons de ladvis de nostre con^el enjoint et ordonné enjoignons et
ordonnons aux dessusd. de vuider de la pîte ville et s'abstenir de
lentrée et demeure en icelle, ensemble de touttes les autres villes,
places et lieux qui font profession de la Religion R. sur peine destre
proceddé allencontre deux par touttes sortes et rigueurs, mesmes
par punitions corporelles, enjoygnant tres expressemm. a toutes les
susd villes et places qui recognoistront l'union de nos egl^es de n'en
permettre la demeure ny l'entrée en icelle aux susnommés, ains les
saisir et apprehender si aucuns diceux si trouvent. Mandons en

oultre a tous gouverneurs lieutenans cap^{nes} officiers, magistrats, consuls et habitans desd. villes et communautés, de tenir la main a lexécution des pñtes, les faire lire publier et observer, procedder allencontre des contrevenans par toutes sortes des voyes justes et raisonnables, et a tous hussiers et sergens faire les exploits necessaires a peine de desobeissance. En tesmoing de quoy nous avons signé les pñtes de nostre main, a icelles faict apposer le cachet de nos armes et contresigné par nostre secretaire. Donné a Castres le 6 jour de Janvier 1626. Signé : Henry de Rohan, et plus bas, par Monseig^r : Faget signé.

III

LETTRE DU DUC DE ROHAN AUX AMBASSADEURS D'ANGLETERRE.

Original. Public crcord office. State papers.

A Messieurs,

Messieurs le comte de Holande et Baron de Carleton Ambassadeurs extraordinaires du Roy de la Grande Bretagne vers sa Majesté.

Messieurs,

Apres que j'ai veu par les lettres et l'acte qui m'ont esté renduz de vre part, avec ce que Monsieur de Montmartin et nos Deputez m'en ont plus particulierement apris, le soing qu'il a pleu au Roy de la Grande-Bretagne de prendre du bien de nos Eglises, ayant par vostre heureuse entremise moyenné l'octroy de la Paix que le Roy a eu agreable de nous accorder; je recognois que touttes nos Eglises, et mon frere et moy avec elles, ne sommes pas seulement obligez de ratiffier ce que nos Deputez ont consenty par vos conseilz et remonstrances. Mais ce nous est une singuliere occasion de joye, et de consolation d'avoir en ce sujet l'autorité du serenissime Roy vostre maitre pour juge et garend de la franche et syncere obeissance que nous rendons au nostre, n'ayans peu souhaiter contre la calomnie de laquelle on s'estoit essayé de nous noircir une plus favorable preuve de nos vrayes et droites intentions a l'obéissance de sa Majesté, au repos de son Estat, et au bien commun des alliés de sa couronne, que la cognoissance que sa Serenissime Majesté et eux tous auront en cecy par vos tesmoignages, que les choses que vous mesmes avez jugées et recognues tres importantes a nos seuretez, et conformes aux Editz, et brevetz qui nous ont esté cy devant ottroyez, nous ont esté de moindre consideration que le desir de rendre au Roy les preuves de nostre sujettion et fidelité, et faisant cesser en tant qu'en nous le sujet des troubles, et confusions dont cest estat estoit menacé, donner lieu a l'heureux acheminement que vous procurez au bien general des affaires de la Chrestienté. Et puis que par les asseurances que le Roy a trouvé bon que nous receussions par vre entremise, il luy plaist aussy nous promettre la grace de nous faire recueillir cy apres le fruit de nostre obeissance au soulagement des choses qui regardent la seureté et liberté de nos Eglises et du particulier de la ville de la Rochelle, comme d'une part nous avons tout sujet de nous en tenir certains par le bon devoir que nous ferons de nous en rendre dignes ; aussy prenons-nous d'autre costé entiere confiance que l'intercession que sa Serenissime Majesté promet de joindre encores cy apres a nos tres-humbles supplications surmontera toujours l'effort que scauroyent faire a l'avenir ceux qui par le passé avoyent aliené de nous les bonnes intentions de nostre Roy et en avoyent empesché les effetz. Je vous supplie donc, Messieurs, de vouloir asseurer le Roi vre maistre que le ressentiment d'une obligation si estroite que celle qu'il luy a pleu maintenant adjouster a tant d'autres, desquelles mon frere et moy en particulier sommes redevables a sa Serenissime Majesté, nous tiendra tout le temps de nostre vie attachez d'inviolable affection a luy rendre soubs le bon plaisir de nostre Roy tous les devoirs et tres-humbles services qui dependent de nostre pouvoir. Attendant que je puisse par voye plus expresse luy en rendre les remercymens convenables, je remetz au sieur de la Milletiere a vous en entretenir, et vous faire de ma part ceux que je doy a l'affection et au soing qu'il vous a pleu aporter a un si bon œuvre que celuycy dont la meilleure part vous est deue, et pour lequel je me recognois specialement obligé de me dire

   Messieurs,

   Vostre plus humble et tres affectionné serviteur

                       Henri de Rohan.

   A Nysmes le 26 Mars 1626.

IV

LETTRE DE MONSIEUR LE DUC DE ROHAN AU ROI.

Bibliothèque nationale. Fonds français N° 3833, fol. 60. Original.

Depuis la paix qu'il a pleu à V. M. de donner à ceux de la réligion au moys de Mars dernier, je n'ay tasché qu'à le servir et ne croy avoir été inutile à affermir la tranquilité publique, laquelle on a désiré troubler par divers moyens : surtout en exerceant toutes sortes d'inhumanités et d'injustices contre vos subiects de laditte Religion. Les executions faites a Toloze et à Béziers, contre la teneur de vos édicts. en font foy ; le refus de votre jussion au parlement et le partage à la chambre de l'édict de l'arrest de vostre conseil font connaître que nous ne pouvons plus esperer aucune justice en cette province : mais ce qui donne le plus de depit à vos bons et fidèles serviteurs et particulièrement à moy, Sire, est de voir le mespris qu'ils font de vostre souveraine authorité comme sy elle étoit partagée entre V. M. et eux, ce que le pr. president de Toloze m'a bien sceu escrire. Et à l'exemple des justices superieuros les subalternes et les particuliers s'esmancipent de fouler aux pieds les arrests de votre conseil et de ne recognoistre aucune authorité ou il y va de leurs interests, de façon que la persécution est telle que nul gentilhomme n'est en seureté dans sa maison my habitant dans sa propre ville, pourceque les prises de corps sont envoyées en blanc par le président de Toloze pour les remplir à la discrétion ou plustost passion de ceux à qui il les envoye, ce qui apporte en ce pays beaucoup de trouble et rend le lieu ou je demeure et ma propre maison pleine de refugiez de toutes sc'es de qualitez. Je croy, Sire, qu'on accourra aux pieds de V. M. pour en avoir justice, laquelle scaura pourvoir au maintien de son authorité et au soulagement de tant de maux que souffrent ses subiets, la cognoissance desquels je ne luy eusse encore sytost donnée sans une petite affaire qui s'est passé ici où on a empesché avec toute la douceur du monde que l'on ne conduisist à Toloze et à Beziers contre vostre intention un pauvre innocent pour en offrir une victime nouvelle à la cruauté et barbarie de nos cnnemys. Je vous envoye pour cet effect, Sire, le sieur des Isles qui vous porte très veritablement tout ce qui s'y est passé (en estant bien instruit), où je m'assure que V. M. remarquera que le seul mépris de son authorité (dont on se joue de deça) a fait qu'on a arresté le cours à une licence sy effrenée. Car j'ose dire avec vérité que tous les arrest de votre conseil et toutes vos lettres depuis la paix dernière ont été receus avec dérision, et on a professé que ny tels arrest ny vos commandemens n'arreteroyent point le cours de leurs exactions : ce qui navre jusques au fond du cœur et donne de l'appréhension à ceux qui ne veulent et n'attendent protection qu'en la vigueur de l'authorité royalle de V. M. Pour laquelle je prie Dieu incessamment qu'il l'augmente non seulement en ce royaume, mais en tous les coings de la terre, et qu'en quelque endroit je le puisse servir comme estant aussy bien d'affection que de naissance,

    Sire,

vostre très humble très obéissant et très fidèle subiect et serviteur

HENRI DE ROHAN.

De Nismes ce dernier Aoust 1626.

V

COPY OF A LETTER FROM MON^r DE ROHAN TO HIS M^{tie}.

English record office. State Papers. France.

Sire,

Je suis pressé par une infinité d'Eglises de ce Roiaume de m'adresser à vostre Majesté pour lui représenter leur oppression. Je la supplie très humblement de ne desagréer ceste hardiesse qui ne proxient que d'une pure nécessité. Car le temps dure à ceux qui souffrent sur tout quant ils ne voient poinct le but de leurs miseres. Nous en sommes la : Nous avons creu que ceste paix debvoit estre mieux observée que celle de Montpellier, pour ce que nous l'avons acceptée par la volonté d'un entremetteur si puissant qu'il n'y avoit apparence d'en doubter sans lui faire tort. Et afin, sire, que j'explique le fons, je vous envoie copie d'un acte et d'une lettre que Messr̅s̅ vos Ambassadeurs m'ont fait donner par Mon̅r̅ de Montmartin, lequel adjousta (suivant la créance que luy donnoit ladicte lettre) qu'ils me promettoient en vostre nom de remettre entre les mains de mon frére un second acte par lequel vostre Majesté s'obligeoit d'emploier les forces de ses trois royaumes a nous faire octroyer les choses promises par son entremise, ce que je fis valoir parmi nos Eglises, afin que suivant sa volonté la paix fut acceptée gaiemant et de bonne grace. Et encor que l'exécution d'icelle et les oppressions des particuliers aient esté insupportables, nous n'avons voulu avoir recours jusques a present qu'a l'humilité envers nostre Roy d'ou diverses deputations de toutes les communautés de deçà n'ont remporté que risee, moquerie et desespoir. C'est ce qui est remonstré à vostre Majesté, afin que selon sa piété envers Dieu, sa bonté envers nous, et son honneur pour l'amour de luy mesme, il advize aux moiens les plus convenables pour nous faire tenir ce qu'il nous a fait obtenir. Je crois, Sire, que vous scavez jusques ou les Rochellois sont pressés, quels artifices les commissaires de nostre roy emploient par le dedans pour les perdre, quels desseins le sieur de Toiras tente par le dehors pour les surprendre, et quels preparatifs de vaisseaux on fait pour ne les faillir point, ce qui les a reveillés et réunis, et comme gens en grand danger, ils jettent leurs derniers efforts, ayant deputé vers sa Majesté pour demander le razement des forts, la liberté des isles et l'observation de leurs privileges, et leur Maire ayant parlé avec grande vigueur auxditz commissaires et leurs deputés audict s^r de Toiras. Mais tout cela seroit infructueux sans l'intervention de vostre Majesté. Quant aux promesses de deçà je vous proteste, Sire, que nous sommes plus persecutés qu'apres la paix de Montpellier. L'Edict de paix n'a peu estre verifié sans des modifications qui le destruisent, et quelques instances que nous aions faictes, nous n'avons peu obtenir une évocation au parlement de Grenoble ou l'edict est verifié purement et simplement; mais seulement des jussions dont les parlements se moquent, soit par intelligence ou autrement. L'exercice de la religion ne se peut restablir es lieux d'ou il a esté osté. Nos temples ne nous sont poinct rendus, nos biens sont retenus par ceste chicanerie de represailles : nos personnes sont envoiées aux supplices pour cas abolis : ma maison est pleine de refugiés. L'on a faict paier despuis la guerre les troupes par ceux de la religion, les Papistes en estant exempts. L'on nous menasse de nouvelles troupes de cavalerie et d'infanterie qui doivent venir fouler ce pais qui n'en peut plus. Bref tout le monde est au désespoir, et moy pardessus touts qui ay le cœur navré de voir ta d'infractions et d'injustices. Ma seule excuse envers les complenians est qu'ils ne m'ont plus pour garent come à la paix de Montpellier, mais un bien plus puissant qui en temps et lieu apportera les remedes convenables à leurs maux. C'est, Sire, ce qui nous reste de consolation, et pour ce que l'oppression enclost toutes sortes des persones et en toutes d'affaires et fort vivement : je suis requis au nom de toutes nos Eglises de deçà d'espandre aux pieds de vostre Majesté leurs douleurs, affin qu'elle pourvoie selon son zele et sa prudence aux moiens de leur allegeance. Je n'ay peu denier cest office a plus de cent milles ames chrestiennes qui soubs mon seing vous (font) pareille requeste, et qui ne sont persecutés que pour la profession de foy qu'ilz ont commune avec vostre Majesté, qui fera valloir par sa generosité le titre glorieux de Protecteur de la foy, en nous procurant come nous l'en supplions les mains joinctes, la jouissance d'une paix en laquelle nous puissions avec liberté de conscience et sureté de nos personnes servir Dieu et nostre roy come il appartient. Ce sera, Sire, une œuvre digne de vostre pieté et courage, et qui vous acquerra les benedictions du ciel et de la terre, et les cœurs de tous vrais fideles. Pour moy y estant attaché par tant de biens de naissance et d'obligation, je me declare indigne de vivre si je cesse d'estre inviolablement et plus que tous le reste du monde ensemble

Vostre tres humble, tres obeissant et tres fidele serviteur

HENRI DE ROHAN.

A Nismes ce 10 Novembre 1626.

VI

COPIE DE LA LETTRE DU DUC DE ROHAN AU DUC DE SOUBIZE.

Public record office. State Papers. France.

Je ne manqueray à prendre les armes tout au commencement de Septembre. Je ne puis plustost par ce qu'il me faut quelques jours à me remettre d'une petite indisposition que j'ay eue, qu'il faut attendre le défaut de la lune pour exécuter les desseings, et que je ne puis plustost avoir les gens de cheval que Savoye a promis. J'ay envoyé vers luy pour les faire haster : neantmoins quant ilz ne viendront point je ne manqueray pas d'une heure. J'espère estre au

commencement d'octobre à Montauban avec six mille hommes de
pied et six cents chevaux, d'ou il faudra prendre nos mesures pour
nous joindre : car il faut croire qu'il se mettra une armée entre nous.
Néantmoins si la seconde flotte nous arrive rien ne nous resistera.
Le rude commencement de l'isle de Ré a donné la frayeur à nos
ennemis jusques en ce pays : c'est la plus belle action qui se soit
faite de nos jours ; il ne faut demeurer en si beau chemin. Buckingham a acquis un honneur immortel : vous devez venir fortifier le
Bec d'Ambez. Dès que vous serez là envoyez à Montauban pour en
donner advis et vous asseurez que tout Guyenne branlera, dont nous
tirerons dix mille des meilleurs soldats de la terre. Je vous porteray
actes d'union des communautés de Languedoc et des Sevennes. Cette
descente de Ré et junction de La Rochelle encourage tout le monde.
J'ay une grande impatience de vous veoir : assurés vous que je feray
toute diligence pour m'approcher de vous. Si Savoye fait ce que je
luy conseille il taillera une terrible besoigne à nos ennemis. Il a
quatre mille chevaux sur pieds, et dix mill hommes de pied. Rien
ne luy peut resister en Provence et Dauphiné où tous les interessés
sont très bien disposés : il faudroit que le roy d'Angleterre le solli-
citast à cela : faut scavoir si on publiera icy le Manifeste de la Rochelle, et si je le feray imprimer ; c'est chose que je juge necessaire :
faut ce me semble que la Rochelle escrive de deça, surtout à Montauban. Dieu benie le roy d'Angleterre et ses saints et généreux desseings et les face réussir à nostre délivrance et à sa grande gloire.
Envoyez des Députés s'il est possible pour Milletière. Il ne faut
lascher aucun prisonnier qu'on ne le retire de la Bastille[1]. Ce 8
d'Aout 1627.

VII

Extraict des deliberations de con^{el} de la maison consulaire de Castres.

May 1628.

Du lundy premier jour du mois de May Mil six cens vingt huict
dans la maison consulaire de Castres le con^{el} general ayant esté con-

---

1. Depuis quelque temps de la Milletière, un des plus zélés partisans du duc
de Rohan, était prisonnier à la Bastille.

voqué au son de la grosse cloche et de la trompette a esté tenu par
devant messieurs Marquis de Thle et de Lautrec, sieur de sainct
Germain, Le Cayla et autres lieux, senechal de lad. ville, noble Jean
de Landes, sieur de Laguascarie, Jean Villaret, André Alary,
Jaques Martel consuls acistés de Mr Jaques de la Roque, sieur de La
Calm, leur scindie, pñtz et oppinantz Messieurs M^l Jean de Josion,
Pierre de Savoye et Josias Daucan ministres de lad. ville, nobles Abel
de Landes escuyer, Samuel de Bouffard sieur de Madiane, Jean Jacques
de la Pierre, Jean Bompar, (Maitre) Pierre Dumas, Pierre Deffos,
docteurs, Daniel de Vigounier Cap^{ne}, Jean Payleau, sieur de Roque-
caude, Abel de Rotolp, sieur des Farguettes, etc., etc., et plusieurs
autres docteurs, bourgeois, marchants et autres habitans de lad. ville
en grand nombre, auquel con^{el} apres la priere et invocation du nom
de Dieu :

Les dicts sieurs consuls par la bouche dud. sieur de la Gascarie
premier d'iceux ont dit que l'estat de ceste ville ayant este changé
depuis aujourdhuy matin contre ce quy estoit de leurs desirs et intentions, ilz en auroient esté tellement faschés que deslors ilz auroient resolu voyant qu'ilz ne trouvoient point de l'obeissance
parmy bon nombre des habitans de ceste ville, de se desmettre et
depposer de leurs charges, a cause de quoy ilz auroient faict as-
sembler ce pñt con^{el} gen^{al} affin d'accepter la desmission qu'ilz font
de leurs chapperons livrées consulaires pour en pourvoir d'autres
en leurs places, a quoy le susd. sieur de Saint Germier Sen^{al} auroit
respondu que voyant que toutes les eglizes refformées de ce royaume
estoyent unies ensemble pour la conservation et deffence de la ville
de La Rochelle, il auroit avec bon nombre de seigneurs, gentilshommes, Cappitaines et gens de guerre faizant profession de la religion refformée, estimé a propos de venir en ceste ville pour la porter
a ceste union, et par ainsy comme cella estant grandement utile et
profitable pour la conservation, manutention et deffance tant de ceste
ville La Rochelle que autres eglizes de ce royaume, il auroit au nom
de tout led. con^{el} general prié lesd. consulz d'embrasser et jurer
ceste union, reprendre leurs chapperons et continuer leurs charges
consulaires, comme ilz ont cy devant fait, et après quelques excuses
proposées par lesd. sieurs consuls, ilz auroient leur dictz chapperons
et offert de continuer leurs charges consulaires comme auparavant, a condition que l'entiere gouvernement de la ville et conduicte

des affaires publiques leur demeure en main, et que les habitants
de lad. ville leur portent l'honneur, respect et obéissance quy leur
est deue, s'employent de tout leur pouv.. . a les maintenir et conserver en l'authoritté de leurs charges, ce que tout led. con^{el} general
d'une commune voix auroit promis faire, tant en général que en particullier, sur les occurances quy s'en presenteront, et tout incontinant
lesd. sieurs consuls et tous les assistans aud. con^{el} auroyent faict le
serment d'union comme est porté en l'acte particullier sur ce faict
signé tant par lesd. sieurs de Saint Germier consulz, seindic, que
autres habitans de la pñt ville putz audit con^{ell} sachant escripre.

Et ce faict lesd. sieurs consuls auroient prié la compagnie se souvenir des promesses et assurances quy ont esté faictes et données
aux Eclesiastiques et Catholiques habitans de ceste ville, en cas de
guerre et qu'ilz se voullussent retirer hors de la pñt ville, de les conduire en asseurance avec leurs meubles denrées et aûres choses qu'ilz
voudroient emporter jusques aux lieux de Lautrec et La Bruguiere,
aux conditions portees par les deliberations sur ce prinses en con^{el}
general, et en outtre de maintenir et conser ver les eglizes et maisons
qu'ilz ont dans la pnt ville et empescher la desmoliõn d'icelles, ce
qu'ilz ont voullu proposer au pñt con^{el} d'autant que lesd. ecclesias-
tiques et habitans catholiques leur ont fait entendre qu'ilz se veullent
retirer de la pñt ville a cause des presents mouvements, et affin
aussy qu'il plaize a la compagnie trouver bon que lesd. deliberations
et promesses soient executtées de bonne foy, ce que par deliberation
dudit con^{el} auroit este arresté et donné charge ausd. sieurs consuls
de sy employer vigoureusement.

Ainsy conclud, deliberé et arresté moy pñt soubs^{né}.

DUMAS, *not.*

VIII

LETTRE DU DUC DE ROHAN CONCERNANT LA PRISE DE GALLARGUES.

L'original se trouve dans le recueil de M. le Dr Gustave Frosterus à Helsingfors.

A Messieurs

Messieurs les consulz de la ville d'Anduze.

Messieurs les consulz. Vous aures apris l'histoire au vray de ce
qui s'est passé à Galargues par les depputés de cette province et mes

lettres. Tant s'en faut que la chose ayt esté faicte par mon ordre qu'il n'a tenu qu'à eux que je ne les aye tous sauvez. Je ne croyois que de la frayeur, mais je commence à y recognoistre une grande meschanceté. J'avois fait arrester les s^{rs} de Valescure et de Banieres qu'on avoit envoyé icy pour clabauder par la ville et encore l'avois je fait pour empecher qu'ils ne fussent obligez de retourner. Mais la fuitte dûd s^r de Valescure et quelques autres nouvelles que j'ay eu du costé des ennemys, et mesme qu'il ne s'est sauvé du feu et du pillage que la maison du viguier Valescure son frère, et que nous scavons ne valoir rien, nous fait conclurre comme chose tres certaine que c'est un feu joué. De plus, j'aprends que M. de Montmorency tourne du costé de Serignac sur les espérances que ces braves gens leur ont donnée de livrer quelque place dans les Sevenes. Sachez que cette action est la plus lache et la plus mechante dont j'aye jamais ouy parler. Je vous ay aussy envoyé la nouvelle certaine de l'heureuse arrivée de l'armée Angloise devant la Rochelle. J'espère que bientost nous en aprendrons les heureux succéz. Cependant je demeure

Messieurs les consulz

  Vostre très affectionne amy

      Henri de Rohan.

A Nismes ce Vendredy 13 octob. 1628. A midy.

XI

EXTRAICT DES DELIBERATIONS DE CON^{el} DE LA MAISON CONSULAIRE
DE CASTRES.

          19 jan. 1629.

Du jeudy dixneufiesme Janvier mil six cens vingt neuf, sur les huict heures de matin, Monseigneur le du de Rohan asisté de Monsieur de Chavaniac gouverneur des collocgues d'Albigeoix et Lauragoix, et de Monsieur Dupuy chef de con^{el} de lad. grandeur, s'estant rendu dans la maison consulaire de Castres ou estoyent assemblés par son commandement Messieurs de La Pierre, Raynaud, Le Double et Martel consuls de lad. ville, de La Caın scindic d'icelle, Noé de La Roze, Pierre Dumas, Abel de Rotolp, sieur de Crespinet, octeur en droits, Jacques Guiraud, Jean Boyer, Ysaac Pénavaire,

Pierre Le Roy et Daniel Nouvel, sad. grandeur leur auroict faict en
tendre qu'estant sur le point de partir de la pñt ville pour s'en aller
au Bas Languedoc elle auroiet desiré destablir le conseilh de
direction qu'il a donné aux sieurs consuls pour le regime et
administration de toutes sortes d'affaires, consernant le bien,
subsistence et conservation de ceste ville, auquel effect il en auroit
fait expedier son ordonnance, la quelle sad. grandeur auroit faitte
exhiber par led. sieur de la Pierre, premier consul, pour le contenu en icelle estre gardé et observé, de laquelle auroit esté a l'instant faite lecture publicque par le greffiier estant cy inserée de
teneur.

Henry duc de Rohan, pair de France prince de Leon, chef et gñal
des Eglizes refformées de ce Royaulme et provinces de Languedoc et
Guienne, Cevenes, Gevaudan et Vivares, a tous ceux quil appartiendra
salut. Estan necessaire pour le regime et administration de toutes
sortes d'affaires consernant le bien subcistence et conservation de la
ville de Castres d'establir ung con^el de direction compozé de douze
des habitans de lad. ville durant les pñts mouvements, nous avons de
l'advis de ñre conseil choisy et nommé en presance des consuls de
ceste ville de Castres le sieur Noé de la Roze, Pierre Dumas, Abel de
Rotolp, sieur de Crespinet, docteurs eu droits, Jacques Guiraud,
Jean Boyer, Jean Vedellier, Gedeon Plumies, Ysaac Penavayre, Pierre
Auret, Pierre le Roy, Jean Coste et Daniel Novel, habitans d'icelle
pour ledy con^el de direction lesquels avec leds. consuls en lacistence
d'ung pasteur de l'eglize privativement et a l'excluon de touts aûes
con^els ordinaires estants en la dite ville, cognoistront, jugeront, et or-
donneront de toutes affaires regardans la police d'icelle et dont lesd.
conseils auroient accoustumé de juger et aûes quy pourroient surve-
nir cy-après generallem^t quelconques, et les fairont executer ponc-
tuellement sans retardaon ny support, lequel con^el de direction subcis-
tera en cest estat pendant trois mois commençant ce jourdhui, apres
lequel temps par le mesme con^el la moitié d'icelle sera changé et
mis en leur place pareilh nombre d'habitans capables, fidelles et
affectionnés, lesquels demeureront en charge avec toutes moitié pendant autres trois mois, apres lesquels encore les six quy seront de-
meurés du premier establissement seront changés et mis en leur
place pareil nombre, ce quy sera faict par l'advis desds. consuls en
conseilh et ainsi consecutivement de temps en temps led. change-

ment sera fait par le mesme ordre que dessus, et ce faire donnons tout pouvoir, comission et adveu et mandons a tous chefs et gens de guerre, magistrats, habitans de laditte ville et conseils vous recognoistre et entendre en lad. quallité, prestent et donnent toute ayde, faveur et main forte, a peyne de dessobeissance, et au premier huissier ou sergent feré les exploicts necessaires, en tesmoing de quoy nous avons signé les presantes de notre main, a icelles fait apozer le cachet de nos armes et contresigner par nostre secretaire ordinaire; donné à Castres le sixie. jour du mois de janvier mit six cens vingt neuf. Henry de Rohan signé et plus bas par monseigneur: Faget ainsi signé.

Et d'autant que leds. sieurs consuls ensemble lesd. sieurs de La Roze, Dumas, Crespinet, Barran, Boyer, Penavaire, le Roy et Nouvel sont presant, le dit seigneur de Rohan leur auroit faict jurer et promettre main levée a dieu de saquiter bien et deuement du debvoir de leurs charges et satisfaire entierem^t au contenu de la susd. ordonnance, leur ayant verballement faict plusieurs remonstrances tendantes au bien repos et tranquillitté de la pnt ville, apres lesquelles le dic seigneur duc de Rohan seroit party de led. maison consulaire et allé a son logis ou il auroict este accompagné par lesd sieur consuls et con^{ol} de direction.

X

ORDONNANCE DU DUC DE ROHAN.

Recueil de M. Charles Pradel. Copie.

Castres 22 décembre 1628.

Henry duc de Rohan etc.

N'y ayant rien de sy nécessaire pour la subsistance des susd. églises que de conserver dans le cours des armes celuy de la justice et recognoissant que le defant d'une juridiction supérieure pour le jugement tant des appellations des premiers juges que des premières instances en dernier ressort par la suspension desd. appellations ou par l'incertitude des autres jugements lesquels, quoiqu'ils fussent déclarés provisionellement exécutoriables, seroient néantmoins à l'advenir subjects à l'appel, pourroient causer de très notables grifes aux parties, notamment dans les colloques de Rouergue, Albigeois et Lauragois, comme nous avons desjà obvié à tels inconvénients dans l'estendue des provinces du bas Languedoc, Sévennes et Vivarais par le restablissement du siège présidial dans la viile de Nîmes, aussy pour ces causes nous, de l'advis du conseil, avons ordonné et estably, ordonnons et establissons par ces présentes, soubs le bon plaisir de Sa Majesté, un siège présidial en la ville de Castres, composé de dix personnages de probité et qualité requise, sçavoir : huict conseillers à l'exercise de la justice et deux pour advocats et procureurs du Roy, sauf à augmenter led. nombre de conseillers sy par nous est trouvé expédiant et nécessaire, selon l'exigeance des cas, pour, dans le ressort desd. colloques de Rouergue, Albigeois et Lauragois, rendre et distribuer la justice aux subjects du Roy faisant profession de la religion réformée, tant ez matières civiles et criminelles, en dernier ressort et avec pareil pouvoir et autorité que sy elle leur estoit rendue par les cours souveraines auxquels ils ressortissoient avant les présents mouvements, scavoir : En première instance sur les procès indifféremment qui seront intentés dans les dicts colloques d'Albigeois et de Lauragois, exepté la ville et juridiction de Revel, et pareillement sur ceux qui seront intentés dans lad. ville et juridiction de Revel, ensemble dans led. colloque de Rouergue dont la cognoissance est attribuée par les ordonnances aux sénéchaux et présidiaux privativement et à tous juges ordinaires et par voye d'appel sur tous autres procès, de quelle nature qu'ils soient; ores que par les edicts et ordonnances royaux, telle et semblable juridiction n'appartient aux sièges des sénéchaux et présidiaux, laquelle nous attribuons par ces mesmes présentes aud. siege cy dessus estably en dernier ressort pour l'exercice de laquelle justice en ycelle selon la forme susdicte, estant duement informés et à plein nous confiant dans la probité, zèle, capacité et expérience au faict de judicature de M. Noé de La Roze, Pierre de Fos, Thimothée Boisset, Jacques Ferrier et Samuel Caillot, Guillermy, Abel Curvalle, Jean Cathala et Pierre Condomy advocats, nous les avons commis et députés, commettons et députons par ces présentes scavoir : led. La Roze, Defos, Boisset, Cathala, Ferrier, Caillot, Guillermy et Curvalle, chacun suivant l'ordre et priorité de sa réception, en qualité de commissaire pour dire droit aux parties, et led. Condomy en qualité d'avocat du Roy demeurant la charge de procureur du Roy en estat jusques à ce que par nous y ait esté pourveu, comme aussy avons permis et permettons auxd. commissaires de nommer et choisir trois greffiers de probité, fidelité et suffisance requise pour la rétention et expédition des actes faicts par devant led. siège, sçavoir : deux ez causes civiles et un ez causes criminelles, recevoir et admettre tel nombre d'advocats et procureurs, postulants huissiers et sergents, et généralement prendre tels règlements qui par eux sera trouvé juste et raisonnable suivant les ordonnances, arrest de règlement, stiles des autres sièges, pour la fonction de leurs charges, ycelles exercer, avoir et jouir aux honneurs advantages, autorités, profficts et esmoluments à ycelles appartenant, de ce faire nous leur avons donné donnons plein pouvoir adveu et commission espéciale, mandons auxd. advocats, procureurs, greffiers, curraux, tous justicables dud. ressort et autres qu'il appartiendra les recognoistre, obéir et entendre au faict desd. charges et à tous gouverneurs, consuls, officiers chefs et conducteurs de gens de guerre prester aide, faveur et main forte tant à l'exécution des présentes que de jugements qui seront par eux rendus avec inhibitions et défenses à toutes personnes de quelque qualité et condition qu'elle soit de à ce dessus donner aucun trouble ny empeschement à peine de désobeissance et autre arbitraire. En tesmoin de quoy nous avons signé etc.

HENRY DE ROHAN,

par Monseigneur
FAGET.

XI

AU ROY DE LA GRANDE BRETAGNE.

Public record office. State Papers France. Original.

Sire

Par la lettre dont il a pleu à Vostre Majesté de m'honorer escripte de Westminster j'ay recogneu la continuation de vostre affection tant envers le général de nos Églises qu'envers moy amplifiée par celle de M. de Conway vostre secretaire et M. Wake ambassadeur de V. M. par laquelle il m'a donné un mot pour faire advouer et tenir pour affidés ceux qui vous l'apporteront de ma part, dont nous vous avons une obligation très estroite et un très vif ressentiment, quoyqu'il ne me soit jamais arrivé d'en doubter puisque vostre parole Royale et l'interest de la cause de Dieu que nous soustenons et que vous avez entreprins de deffendre, ont esté le ciment de la confiance que j'en ay prinse comme ils seront à V. M. un aiguillon puissant d'honneur et de confiance pour les faire réussir heureusement. Sy est ce que je supplieray V. M., de me permettre de luy dire que les delays et retardémens la pourroient frustrer de la fin de son dessein et de son attente et nostre à laquelle seule est attachée nostre conservation et subsistance. Vous en avez veu les preuves en la perte de la Rochelle, qui nous est un augure de semblable malheur sy on tient les mesmes voyes, comme il est à craindre que la longueur et peril des chemins qui nous rend les communications difficiles et tardives ne nous y face tomber sy V. M., qui n'ignore pas l'estat ou nous devons estre reduits et à qui Dieu a mis en main la force pour nous garantir ne la met promptement en œuvre par les mouvemens de sa générosité pour avec nostre delivrance punir justement l'insolence de ceux qui par un sanglant mespris de vostre puissance ont ozé esloigner nostre Roy avec touttes ses forces de tous les lieux ou V. M. la peut advantageusement exploiter par ses dessentes, dont elle a la plus favorable occasion qu'elle pourroit souhaiter. Le principal subjet de cette apprehension de nostre désolation procede de ce qu'ayant escript en mon particulier et avec l'asemblée generalle par plusieurs foys et par diverses voyes à V. M. depuis la prinse des armes, et particulièrement depuis celle de la Rochelle pour implorer avec sa pitié le secours dont elle nous rend dignes, et qui nous sera inutile, s'il n'est très prompt et tres puissant, je n'ay receu pour tout que cette depeche de V. M. escripte du 23 novembre dernier, laquelle ne m'a esté rendue que le 3ᵉ de ce mois, durant lequel temps en l'ignorance des moyens que vous vouliez employer pour nostre ressource, mais non en la deffiance de vos intentions, j'ay eu a combattre tant d'inquiétudes de nos peuples, tant d'artifices de nos ennemis du dedans et du dehors, qu'il n'y pouvoit avoir aucune apparence d'y resister sans l'impression qu'il m'avoit ayse de donner au commencement qu'une parole royale et chrestienne ne peut point manquer. On ne manque pas pourtant de faire encore effort contre cette persuasion et par la foiblesse qu'on publie contre V. M. et par quelque traitté qu'on dit vous avoir esté offert, sur lequel on vous a endormy comme en effect on ne nous en a rien faict scavoir, aussy faudroit il que pour faire qu'il feust un remède suffisant à nos playes nous feussions ouys en la douleur qu'elles nous causent. Bref, Sire, vostre prompt et puissant secours en l'esloignement de touttes les forces de ce royaume peut empecher nostre inesvitable et prochaine désolation, sans lequel je ne puis avec tant de peuples mes consorts, qu'avoir en me perdant la gloire d'avoir sacrifié ma condition et ma vie a la deffence de la gloire de celui de qui je la tenois, et tesmoigner que la mort mesme ne peust m'arracher l'asseurance que j'ay mise en vos royales promesses. Mais j'attands de vostre pitié et zèle l'effect de nos souhaits plutost que celuy de nostre crainte et la faveur et bénédiction de Dieu sur vos armes par l'effort desquelles je puisse acquerir la liberté et le moyen de vous pouvoir rendre les preuves de l'obligation et inclination que j'ay d'estre

Sire

de vostre Majesté le très humble et très obeissant serviteur

HENRY DE ROHAN

A Nismes ce 13 April 1629.

XII

FROM THE ASSEMBLY OF NISMES TO HIS MAJESTY.

Public record office. State Papers France. Copie.

Sire.

La cognoissance et les ressentimens qu'il a desia pleu a vostre Majesté de prendre de la misere des Eglizes affligées de France, nous donne la hardiesse de resueiller ses compassions a mesure que nos calamitez sont agravées par la rigueur impitoyable de nos persecuteurs, et que lorage menace de plus pres d'une totalle ruine et destruction lamentable ce que la misericorde de Dieu nous conserve encores d'entier apres la désolation de la Rochelle. Comme nous avons adoré avec humilité le jugement de Dieu en ce mauvais succes que nous n'imputons qu'à son yre justement allumée contre nos pechez, aussy nostre silence ne pourroit estre censé qu'ingratitude si nous n'avions des l'entrée de nostre assembléé resolu la tres humble et très affectueuse recognoissance que nous rendons maintenant à V. M. pour le grand secours qu'elle nous avoit envoyé, s'interessant si avant aux douleurs de nostre oppression et aux moiens de nostre délivrance. La tres humble suplication que nous faisons suyvre apres le remerciment est que vostre Majesté nous permette encores selon les douces inclinations de sa bonté, de luy présenter nos complaintes, et descouvrir nos playes devant les yeux de sa charité royalle, en luy protestant que nous ne voyons point d'autre main sous le ciel par laquelle nous puissions estre medicinez que la sienne, si elle daigne encor s'avancer vers les innocens oppressez, et vers l'eglize de nostre seigneur Jésus-Crist persecutée a outrance, par la plus envenimée passion que nostre siècle et les précédens ayent veue. Nous la supplions donc tres humblement de lire cette lettre qui est escrite de nos larmes et de nostre sang, et de vouloir considerer selon son exquis jugement, son incomparable prudence, et la devotion de son zele à la gloire de Dieu, nostre estat qui est tel que nos persecuteurs croyans nous avoir mis dans un entier descouragement, et dans une foiblesse sans ressource et sans résistance apres la perte de la Rochelle, et se vantans qu'il ne nous restoit plus des yeux que pour la pleurer, ny cœur que pour sentir la douleur de sa perte, sans oser plus emploier ny nos mains ny nos armes pour nostre deffence, ont usé de cet advantage avec tant de fierté, d'insultation et de cruauté, que non seulement ils ont sacagé les maisons et enlevé avec rudesse et barbarie inouie les biens de nos pauvres frères de cette province de Languedoc reposans sous la foy publicque et le benefice des edicts de pacification, notamment du dernier que V. M. nous avoit favorablement procuré et ga renty, dissipans les familles entières et les exilans avec une inhumanité perfide, mais assy ont désole et destruit presque toutes les Eglises d'icelle qui sont soubs leur main et à leur discrétion soubs la liberté des édits, employans des moynes emissaire du Pape assistez de la force des gens de guerre et de l'authorité tyrannique des gouverneurs pour bourreler les ames et trainer avec violence à la Messe, et aux pieds de l'idole les plus constans, interdisans les assemblées et tout exercice de la vraye religion esd. lieux, battans, emprisonnans, rançonnans, assassinans les fidèlles avec leurs pasteurs par une furie enragée, qui a encheri par dessus toutes les inhumanités de l'inquisition, profanans et démolissans les temples, leur forcenerie ayant mesme passé jusques à brusler publiquement avec

apparat et en triomphe les livres sacrés de l'Alliance de Dieu, en
presence du gouverneur de la province, par un sacrilege damnable
qui crie vengeance devant Dieu et qui pousse maintenant sa voix
jusques aux oreilles, Sire, d'un tres puissant monarque professant
la pureté de son Evangile, jaloux de sa gloire et capable de vanger
une insolence si outrageuse. Mais, V. M. entendra que tout cela a
produit un effect bien contraire à l'intention de nos persecuteurs;
car tant s'en faut que ces objects de pitié et de douleur dont la
pensée nous fait fremir nous aye fait fondre le cœur pour nous
donner en proye à leur rage, qu'au contraire voyans le masque levé
et le faux pretexte qu'on avoit allegué du crime de rebellion dont
on nous accusoit, du tout osté, et que sans plus de dissimulation leur
dessein s'en va à l'aneantissement de nostre religion et à l'extirpation de l'Église, et qu'il n'y avoit plus d'espoir, de seureté et de liberté que dans une genereuse resolution de mourir dans les armes
de nostre juste et vigoureuse defence, et que nos persecuteurs posse-
dans l'esprit du nostre Roy et empechans les effects de sa bonté ont
obtenu une declaration du 15 décembre dernier, qui nous alechant
a implorer sa grâce et sa merci ne nous laisse touteffois aucune es-
perance de jouir du benefice d'aucun Edit, ni par conséquent d'aucune paix tolerable, et nous sollicitant de nous desarmer pour nous
mettre en estat de victimes pieça destinées à la boucherie, pour
estre tout à un coup immolés à la fureur de l'antichrist par un massacre general en tout ce royaume, dont nous n'oyons pas seulement
les vanteries, mais voyons desia presque sur nos braz de grandes
armées pour l'execution; cela nous fait, Sire, recourir à vostre
royale et redoutable puissance, comme à un azile que Dieu nous
ouvre encores, et à vostre ardente charité pour dans vos assistances
trouver les asseurés et efficacieux moyens d'eviter la ruine qui semble
pendre inevitablement sur nos testes, et pour y parvenir, Sire, nous
avons religieusement renouvelé en ceste assemblée et par toutes nos
Églises le serment d'union qui nous attache d'un sacré bien aux
armes de V. M. du violement duquel elle peut prendre asseurance
que nous ne nous rendrons jamais coupables, animez à ceste resolution par les réiterées confirmations que Monseig' le Duc de Rohan
nous a données de nouveau que V. M. continue de prendre à cœur
l'assistance et delivrance de nos Églises selon ses royales promesses,
redevables que nous sommes à la sage et valeureuse conduite et

pieuse magnanimité d'iceluy de tout ce que nous respirons encores
de force et de liberté et voulons laisser à la posterité d⸱s exemples
signalez d'une constance qui prefere la mort à une lascheté repro-
chable et à une honteuse servitude, esperans que de nos cendres
Dieu tirera la matière de sa gloire et la propagation de son Eglise,
estans persvadés, Sire, que vous estes l'instrument de son élection
pour nous donner soulagement et delivrance de nos maux en temps
opportun. Tenez aussi pour indubitable, Sire, qu'il nous soustiendra
dans la vigueur extraordinaire qu'il nous a inspirée pour endurer
toutes extremités dans une patience inesbranlable en attendant le
secours de sa main par la vostre; de tout ce Sire, qu'un si grand
Monarque poura jamais faire dans le monde il n'y aura rien ni de plus
juste que ceste entreprise, ni de plus glorieux que ceste delivrance,
le Seigneur vous ayant eslevé à ce degré plus eminent de dignité
et de puissance pour estre pere nourissier de son Église. Elle a
droit, toute esplorée et toute sanglante, de vous tendre ses braz,
espouse qu'elle est de Jésus-Crist et la mère commune des chres-
tiens, la vostre mesme, par l'aspect de la froissure de ses membres
et de sa poitrine innocente deschirée et couverte de playes, elle
esmourra vostre pitié; elle s'asseure, Sire, que le tittre glorieux
que vous portez de deffenseur de la foy intercedera pour l'inte-
rinement de son humble requeste; si vous advancez jusques à nous
vos soings, vos affections et vos armes formidables, vous conser-
verez en nos cœurs des affections d'honneur et d'obeissance qui
n'y mouront jamais, vous donnerez de la terreur à toutes les puissances qui voudroyent s'eslever contre vostre couronne, vous esle-
verez vostre gloire à un tel point que toute la terre l'admirera; toute
la chrestienté la celebrera et vostre nom sera en souefve odeur aux
anges et aux hommes, et en benediction perpetuelle à toute la posterité des saincts et vostre remuneration sera grande et eternelle au
ciel. Que V. M. nous pardonne si nos necessités nous pressans, nous
la pressons aussi par nos tres instantes supplications, accompagnées
d'un tres humble respect, de nous accorder le plus promptement
qu'il luy sera possible, avec l'honneur de ses commandemens et les
declarations de sa bienveillance, les salutaires effects de son assistance, selon la douceur de sa compassion et de sa charité. Et nous
redoublerons nos vœux à la clemence divine pour la longueur et
seureté de sa vie et la prosperité de son estat, tous prests avec une

tres sainte et ardente affection d'exposer nos biens et nos vies pour
nous rendre dignes de la qualité que nous osons prendre

Sire,

De vos tres humbles et tres obeissans et tres fidelles serviteurs les deputtez des Eglises reformées de France en l'assemblée
generale tenant à Nisme. Et pour tous

DEGASQUEZ, *président.*

DESMARETS, *adjoint.*

LA ROQUE, *esleu pour recueillir les actes.*

De Nisme ce 12 de mars 1629.

XIII

LETTRE DE M. D'ESCORBIAC A M. GALLAND SUR L'ESTAT DES AFFAIRES DE LANGUEDOC.

Orig. Fonds français 20964; fol. 124.

28 mai 1626.

Monsieur

Je vous escrivis il y a longtemps que je ne pouvois vous escrire librement parce que les factieux prenoient un grand soing d'attrapper
mes lettres au bureau de la poste pour en descouvrir les secrets
sinon apres que vous m'auriez mandé avoir receu de moi un chiffre
que je vous ay envoyé il y a longtemps, dont j'attendois que vous
me fairiez l'honneur de me mander la réception pour apres me dis-
poser à vous ecrire tout ce qui se passeroit dans ceste province; mais
je n'ay eu du despuis vous l'avoir envoyé aucunes nouvelles de vous.
Maintenant je suis en plaine liberté de vous pouvoir escrire toutes
choses ayant esté chassé de Montauban par la seule consideration
de la grande resistance que j'ay faite contre ceux qui y vouloit establir l'autorité de Mr de Rohan. Je vous diray donc, monsieur, qu'ayant
esté a Beziers où j'ay séjourné allé ou revenir un mois, comprins
quelques trois jours que je m'arrestay au retour en ceste ville de
Tholose, un huissier de nostre siége, nommé France, insigne mutin et
seditieux sytôt que je fus arrivé aud. Montauban, qui fut le 13 de ce
mois, il publia par tout que j'apportois comission du parlement de
Tholose pour chasser de la ville tous ceux qui soustenoient le party

dud. sʳ duc de Rohan et tous les estrangers aussy, et qu'en ceste
sorte je voulois affoiblir la ville pour la livrer entre les mains de
monseigneur le prince et que je voulois mettre une citadelle et gar
nison dans la ville et que j'estois un traistre. Il court par toute la ville
vielle, ville nouvelle et ville bourbon, va eschauffer tous les seditieux
amenant avec luy un homme supposé qu'il avoit bien payé auquel il
fait assurer à tout le peuple m'avoir veu à Realmont, et que soubs le
nom de depputé de Montauban je leur aurois fait faire la capitulation
et que j'avois causé la perte de ceste place et que j'estois un traistre.
Et quoyque je n'eusse esté à Realmont il y a plus que quinze ans
toutes ces faucettés feurent creues pour verités. Led. France hussier va
susciter tous les parans de Dupuy affin qu'ils prinsent ceste occasion
de se venger de moy de ce que j'avois installé le sʳ de la Boyssonnade en l'office de Dupuy. Tous lient la partie pour me tuer ou me
sortir de la ville; le dimanche 14 de ce mois, le lendemain de mon
arrivée, ma mayson feut investie de cent ou six vingts seditieux appor-
tans les uns pistolets, d'autres carabines, arquebuses et pourtuy-
sanes. Mes parans et amis estoient auparavant chez moy qui m'estoient venu advertir des grands preparatifs qui se faisoit dans la
ville contre moy, a quoy les officiers du seneschal mes collegues tra-
vailloient puissamment, et particulièrement le Clerc, asseusseur
criminel, chef du conseil estroit que le d. sʳ de Rohan a estably aud.
Montauban, qui tous desiroient se deffaire de moy, fors du sʳ de la
Boyssonnade qui a esté le premier bany de Montauban, et du sʳ la
Roze doyen des conᵉʳˢ, et Petit aussi conᵉʳ et Descorbiac, conᵉʳ, mon
nepveu. Ce néantmoings il estoit de mon pouvoir avec mes seuls parans qui estoient chez moy ou amis d'aller couper la gorge a tous
ces seditieux, mais je croyois que c'estoit le subject de leur faire prendre les armes le lendemain. Les consuls et personnes de qualité sui-
voient le dessein de ces séditieux qui estoit de tenir ma mayson investie tout ce jour et sur la nuit. Ils avoient parolle de plusieurs qui
n'osoient paroistre le jour de venir petarder ma mayson et me tuer.
Je fus conseillé par les d. consuls pour leur hoster tout prétexte de
prendre les armes, de sortir de la ville et leur faire place pour quelque mois jusques a ce que ceste fureur leur feut passée. Il feut capitulé
avec ce peuple mutiné que je sortirois le lendemain matin de la ville
XVᵉ de ce mois ce que je fis. Du despuis j'ai demeuré à la Valade
près Moyssac au chasteau de mʳ de Ricard d'où je me retire à Mon-

tech a cause des fréquentes visites que j'y avois des personnes de qualité qui venoient conferer avec moy des moyens qu'il falloit tenir pour contenir ceste ville dans l'obeissance. Pour ne constituer le d. s^r de Riçard en ceste depense je me retire à Montech à une lieue et demye de Montauban, où les visites me feurent redoublées tellement que j'avois toujours mon logis plain de gens ou nous avons prins de bonnes resolutions, utiles au service du roy. La despence que ces visites m'apportoit m'ont fait retirer en ceste ville de Tholose ou je suis despuis huit jours. Me voyla en mauvaise posture pour avoir fidelement servy le roy, et rendu miserable. Il y a sept ans que je n'ay fait qu'une seule recolte qui estoit en l'an 1624. L'année 1621 le siege de Montauban me l'emporta. L'année 1622 il ne feut rien sesmé à cause de la guerre; 1623 je fis labourer le quart de mes terres, mais sy mal que je n'y recueillis plus la moitié de la semence. 1625 monsieur le duc d'Espernon m'amputa tout au dégast de Montauban. En l'an 1626 il ne feut rien sesmé a cause de la guerre. En l'an 1627 la gresle m'emporta tous mes fruits. Bref dans sept ans, je n'ay faite autre récolte que celle de l'an 1624, et me suis tousjours entretenu du seul revenu de mes offices lesquels me sont rendus maintenant inutiles a cause de mon exil de Montauban n'ayant moyen de me pouvoir nourrir. C'est la cause, monsieur, que j'ay a vous supplier très humblement de me vouloir despartir de vos faveurs envers le roy et monseigneur d'Herault, a ce qu'il leur plaise remedier à mon desdomagement, du moings a ma seule nourriture, et qu'il soit envoyé ordre a monsieur le premier présidant de Tholose ou autre de fournir à mon entretenement. Puisque je suis bany de chez moi pour avoir voulu maintenir dans Montauban l'hautorité du roy il est bien juste que sois nourry a ses despens. Ceste despense ne montera pas sy grand chose. Le moindre serviteur qui aura bien servy un maistre, a la moindre disgrace qu'il luy arrive, est assuré de trouvé sa despence chez son maistre, et seroit il dit que ceux qui servons le roy feussions de pire condition. Vous m'avez toujours fait l'honneur, monsieur, de me promettre protection et de faire recognoistre mes services. Je vous le demande presentement et vous en supplie de tout mon cœur. Le parlement ayant veu le fruit de mon sesjour me vouloit obliger de m'en retourner a Montech. Je m'en suis excusé sur ce que je n'avois plus moien de fournir à ceste despence, de payer dans une hostelerie des disnées et souspées de ceux qui m'y viendront voir, que s'iis me vouloit bailler d'argent j'yrois, et s'y j'y pouvois faire mon sesjour je serois comme présent dans la ville au moyen des conferences que j'y fairois avec les gens de qualité. Le mesme jour que j'en fus chassé le s^r de s^t Michel de Chalais y entra en dessein d'y estre gouverneur; le baron de Villemade pour le contrecarrer fust jetté du party des consuls. Et nonobstant que le baron eut escript ce mesme jour des lettres à m^r de Rohan par lesquelles il luy promettoit que les consuls suivroient son party, ces lettres estans tombées ez mains de m^r le premier présidant, j'ay conseillé par lettres les consuls a revoquer ces lettres, et par conseil general a esté resolu qu'on escrirait au d. seigneur premier président qu'on se vouloit maintenir soubs l'obeissance du roy, ce qui a esté fait et le d. s^r de s^t Michel ne prend point qualité de gouverneur et toutes choses sont fort calmes en la d. ville. Monseigneur d'Heraut m'a donné ordonnance de 300 livres de certains frais que j'avois faits pour le roy. S'il m'en vouloit faire payer ycy je vivrois aux despens de cela. Je remets le tout à vre prudence me promettant que vous ne me desnierez pas ceste faveur. Pour la fin de ceste cy je vous supplieray de me croire toujours

Vre tres humble et tres obeissant serviteur

DESCORBIAC.

XIV

CORRESPONDANCE DE DANCHIES ET D'AGRET.

Fonds français, vol 18, 972.

1.

Coppie de lettre escrite a Montpellier par le sieur Danchies feignant d'estre au camp de Privastz du capitaine Agret son beaufrere du quinziesme May 1629.

Mon frere..... C'est a ce coup qu'il faut que vous faciez dilligence denvoier toutes les incluzes aux villes mentionnées, qui sont Nimes, Usez, Anduze, Alais, Miliau, Castres et Montauban, a leurs adresses. Et ne m'espargnez rien que ce soit, pour rendre un signalé service au Roy; je ne croi pas, que cela soit inutile, mais c'est un coup d'Estat pour ramener le monde au poinct qu'il faut.

Vous commencerez à despecher le cousin Gosserant a nostre beau frere de la Verniere qui est aupres de Monsieur de Rohan, avec la lettre que je luy escris pour la faire voir aud. sr de Rohan que je croy que l'ayant veue et leue celuy sera un grand coup d'esperon pour songer à luy et recourir vistement à la misericorde du Roy.

Pour celle que j'escris a Nimes, allez y vous mesme en personne la rendre, car si vous l'envoiez par autre et quelle fust trouvée l'on l'assommeroit. Mais vous avez les pieds blanc qui passez partout, et cogneu pour estre zelé au party.

Deslogez de Nimes et incontinent qu'aurez tiré vostre coup vous vous en yrez rendre les autres au sieur Gondin a Usez, au sieur Baunel a Anduze, et au sieur Petit a Allais, et les asseurer qu'apres la prinse de Privastz le Roy s'en va droict a Allais, qu'il n'y a point de remission pour eux, que s'ilz attendent le cannon, ilz entendront bien parler du traitement que ceux de Privastz auront.

Avant donc que vous partiez, le Sr Barthelemy a Castres a cause des parens qu'il y a, mon nepveu Danchies a Montauban, pour Milliau mon beaufrere apres qu'il aura faict avec le sr de Rohan, s'en ira rendre la lettre au sieur Renaut qui est consul de la ville.

Je vous envoie toutes les dictes lettres ouvertes pour que vous leur faciez voir et qu'ilz soient instruictz de la cause de leur voiage affin qu'ils persuadent le monde sans y rien oublier, et de plus il faut que vous les communiquiez aux parens de ceux a qui j'escris desdictes villes qui sont refugiez à Montpellier, afin que voiant mon dessein ilz escrivent a ceux qui leur appartiennent afin d'éviter leur ruisne et d'eux mesme. La presente leur fera la leçon et verront comme j'ay l'honneur destre aupres de Monseigneur le Cardinal de Richelieu et que j'ay apprins que les Intentions et Resolutions du Roy sont quil ne sen sauvera pas un à Privastz. Puisquilz ont esté si temeraires dattendre le cannon, quil ny a point de misericorde pour eux, et resolu den faire autant a toutes les villes qui attendront seulement que les cannons soient en battrie.

Asseurez encores comme jen escris ausd. lieux ou vous irez, que Privastz estant prins le Roy sen va en Sevenes, et que l'on y porte desia les clefs de certaines petites places et lieux ou il doit passer au moins jusques a St Ambriois, tout cela sans coup ferir.

Voicy le pacquet quil vous faut donner partout ou vous irez, que je vous ay dejia escrit, que de trente ou trente cinq villes foibles ou

fortz quil y aura a prendre apres Privastz, que le Roy est desja asseuré de plus de la moitié et que jeu ay veu de quoy chez monsieur
le Cardinal.

Il faut tenir ce discours de bouche aux principaux officiers et
autres qui ont a perdre affin que si les mutins ne veulent entendre a la
raison, quilz facent assembler aux hotelz de ville et quilz facent voir
seulement mes lettres comme celles que porterez a Nimes au sieur
tresorier Cassaigne, quil die en plaine assemblée quil est bien ad-
verty et de bon lieu que le Roy ayant prins Privastz quil est asseuré
d'entrer partout, qu'on luy ouvrira les portes, et que si ceux de
Nimes laitendent et quilz ne le previennent, jamais il ny eut une plus
miserable ville. Il leur doit oster le Presidial de Commerce et fabri-
que de sarges et cadis, qui est le gaigne pain de ceux qui sont les
plus mauvais, et en faire pendre une trentaine des mutins et les consuls avec leurs robbes rouges, leur ville saccagée et rasée jusques
aux fondemt; le tout pour lexemple.

Quau reste ce nest pas tout. Que led. Sieur die que vous estez la
et que je vous ay escript la mesme chose, et que de plus vous les
asseurez que je vous ay escript aussy que monsieur de Rohan traicte
desia sous main avec le Roy, que mesmes notre dict beaufrere de la
Verniere a esté de sa part trouver mon dict sieur le Cardinal, et
resolu de laisser la les principales villes et ne parler que de luy
et de trois seulement; que la dicte assemblée gouste bien cest advis,
et de plus que leur ville sera la première attaquee du pais bas, quilz
viennent de bonne heure au Roy, et que peut estre il les exemptera
de tous les susdicts malheurs. Il leur pourroit bien accorder la
la chambre my partie transferée a Beziers, qui serait un tresor, et à
leur ville pour se redimer de tant de folles despences qu'ilz ont
faictes.

Il ne faut oublier leur dire que je vous ay escrit aussy, que dans
la Cour il y a un bruit sourd que Castres va despescher au Roy pour
se rendre et par mesme moien obtenir que lad. Chambre retournera
en leur ville; que ceux de Nimes ne soublient donc pas et quilz sadvancent. Voiez le Cappitaine Bozan et quil joue son jeu; voila au vray un
propre et vray moyen, tout ce que dessus leur estant bien representé,
de se porter a estrangler led. de Rohan, sil va à Nimes.

Pour Usez vous pouvez bien asseurer le sieur de Gondin, et de Ba-
riacq a qui jescris, que s'ilz jouent bien leur jeu, le Roy les appoin-

tera. Et quilz dient en plain hostel de ville quilz sont bien advertis par de gens qui ont l'honneur d'estre a mondict sieur le Cardinal, que si la ville ne se rend, que le Roy leur va faire le mesme traictement qu'il fera à Nismes, et de plus qu'Usez ne sera plus évesché, ny ville, chef ny dioceze, et qu'il y en aura nombre de pendus. Noubliez de leur dire en secret que led. de Rohan les habandonne.

Quand a Castres vous voiez la lettre que j'escris au sieur Poncet mon compagnon d'office, lequel a force creance et appartient aux plus mutins, que silz attendent le Roy, Il est resolu de les exterminer et leur ville, et que s'ilz sont sages et advisés qu'ilz sen peuvent garentir, apportant les clefs au Roy de bonne heure, et sans doute ilz auront la Chambre mypartye. Et quilz se hastent, car Nimes veut traicter et la demander. Il faut que le dict sieur Barthelemy qui est porteur de ma lettre à Castres et les autres que despeche avec mes lettres, ayent tous coppie de la presente affin de s'instruire. Dictes aud sieur Barthelemy qu'il noublie pas de dire a l'oreille des mutins que led. de Rohan a despeché au Roi pour traicter pour son particulier, et quil trompe les villes et abuze les peuples, quil ne songe qu'a luy. Voila un vray moien de les cabrer contre luy. Et se hasteront de courir a la misericorde du Roi.

Pour Milliau cest a nostre d. beau-frere de jouer son jeu. Il est de la ville, il y a son bien. Il faut quil die en particulier aux Consulz qu'il les asseure comme ayant faict un voiage a Privastz, que lediet sieur de Rohan les va habandonner et tous les corps de villes, et quil va faire son traicté avec le Roy, et que sil est creu qu'on doit depputer au Roy sitost qui entrera dans les Sevenes. Que silz ne le font que je vous ay escrit que larmée ira droit a eux, apres la prise d'Allais et d'Anduze. Il ne faut que cela pour les faire rendre, ou du moins depputer vers led. sieur de Rohan, pour les comprendre a la paix, puisquilz luy ont tousiours ouvert leurs portes et qui ont toute creance en luy.

Pour Montauban si Monsieur du Puis y est, quand mon neveu y arrivera, il faut quil s'adresse a luy, avec mon memoire et luy faire voir, affin que sil faict une assemblée secrette chez luy, ou bien en la maison de quelque roialiste, quil leur face voir que premierement Monsieur de Rohan habandonne toutes les villes et fors excepté Milliau, Les Marques et Mairois [1] quil a a sa devotion, quil traicte avec

1. Aimargues et Meyrueis dans le Gard et la Lozère.

le Roy et quilz sasseurent de cela, comme de mourir. Qu'un homme de qualité de la Religion et de creance qui est aupres du Roi donne cet advis pour le scavoir bien, et que la ville a de songer et deliberer d'accourir a la misericorde du Roy. Autrement que le Roi a resolu et dict tout haut quil croit bien que Montauban sera la dernière a se rendre; mais que silz attendent un autre siege et quil prenne la ville par force, quil ne sera jamais memoire de Montauban, sans grace quelconques; cela sort de la bouche d'un Roy. C'est un estrange arrest, il n'y a point d'appel.

Quilz sadvancent donc a monstrer le chemin aux autres villes, Car silz attendent que les autres les devancent la plus grande quilz pourront avoir c'est quilz seront pis qu'a Montpellier. Car le Roy leur donnera pour present une bonne Citadelle, quatre mil hommes de garnison, et pour refrain de cette douceur ilz auront pour gouverneur monsieur d'Espernou, leur fleau, comme estant leur ancien ennemy.

Mon neveu leur dira en particulier, que je les advertis de tout cela et que je les conseille de prevenir ces ondées, qu'indubitablement leur tombera sus. Mais je les asseure du contraire silz viennent de bonne heure a recepicence, et quilz oyront bientost parler de la prinse de Privastz, et de la façon que le Roi les va traicter; que toutes les autres villes se pourront mesurer a ceste aulne qui sera une mauvaise mesure pour elles.

Voila donc pour ce qui regarde les villes et l'impression quil leur faut donner, comme led. de Rohan traicte et qui les quite la; et apres que toutes les villes auront l'impression que led. de Rohan les habandonne et va faire la paix en particulier.

J'escris a nostre beau frere afin d'inprimer au dict sieur de Rohan le contraire et que toutes les villes sous main depputent au Roy et a son desceu; et quilz se veulent tous rendre et le laisser, et que mesme quil prenne garde a luy. Car sil va a quelqu'une des villes hors de Miliau, Mairiois et les Marques, de quoy il est asseuré, que l'on se veut saisir de luy pour le livrer au Roy et le sacriffier, que j'ay cela de bon lieu, et que jen donne advis affin quil previenne les villes, ce que jescripts et fort couvert; mais lon luy joue cest esteuf la.

Voila un vray moien et artifice pour mettre les villes en deffiance et jalousie contre le dict sieur de Rohan, et led. de Rohan contre eux, et croy que Dieu benira ceste invention puisque c'est a bonne fin, tant pour servir nostre bon Roy, que je croy aussy servir ses villes qui doivent l'obeissance.

Il ne vous faut pas oublier dire partout, afin que le bruit courre et que on en escrive aus dictes villes, que vous scavez de bon lieu que vous croiez la paix dud. de Rohan faicte, et que cest la coustume que les grands sembrassent et les petitz se tuent et se ruinent. Il faut semer ceste grene parmy le meny peuple pour les esmouvoir.

Quand aux Sevenes voiez la lettre que jescris au sieur de Caurieu, pour faire scavoir aux villes d'Anduze, Allais, Sauve, Vigan, Sumene, Gange, et autres que le Roy scait bien leur impuissance, et comme un gentilhomme de Sevenes de la Religion a tout dict au Roy et a mondict seigneur le Cardinal de Richelieu. Il est encores icy. Je l'ay veu et parlé a luy tellement que la moindre dudict pais qui attendra le cannon, quilz auront le traictement que 'Privastz aura, qui est menassé du feu et du sang.

C'est ce que direz partout ou vous irez, encores que vous verrez par mes lettres, que je leur fais sentir la bonté et douceur de mond. sieur le Cardinal que j'ay veu ce quil a faict a la Rochelle, Et quilz s'asseurent que ce quil promettra aux villes quil le tiendra, et que le Roy advoura tout ce quil fera. Quilz se retirent droict a luy car il est affable, il na point danimosité pour ce qui est de la religion ; Il n'en veut qu'a la rebellion, Il a bien escouté ceux qui le sont venu trouver de la part dud. sieur de Rohan, a plus forte raison recevrat il a bras ouverts les depputez des villes.

Et apres que vous aurez dict partout que led. de Rohan traicte ''' faut en particulier dire a cinq factieux (creatures dud. de Rohan) que vous cognoissez le contraire. Que vous scavez de bon lieu et que je vous en escris pour leur dire que jay veu depuis trois jours icy dans le camp des depputtez de certaines villes, surtout de Castres, qui ne se manifestent point. Mais un eutre autres dans le logis de Monsieur le Cardinal m'a dict que les villes vont jouer un mauvais jeu audict sieur de Rohan et que jen oyré parler. Priez donc les dicts sieurs luy en escrire (a quoy ilz ne manqueront pas) tellement que luy et les villes se hasteront pour se tromper les unes les autres sur cette creance, et ceste tromperie sera boune pour le service du Roy. Noubliez pas a Anduze de faire voir a Monsieur Baille Ministre le memoire quravez, que je luy baize les mains, que jay l'honneur destre aupres de Monsieur le Cardinal, quil est dans ses tablettes, que

l'on luy a dict et au Roy que c'est luy seul qui presche et entretient la
ville et autres des voisines dans la rebellion et quil en pastira le
premier, que je le conjure comme mon ancien amy de ramener les
esprits a l'obeissance Et faut que ce soit en plaine chere sur le pretexte comme il le peut prescher, que le Roy aiant prins Privastz ira
droict a eux, et asseurez le que s'il sert bien, je tascheré de luy faire
accorder quelque chose. Je scay quil est pauvre et a force enfans.
Conjurez le donc de ma part quil joue bien son personnage, et d'en
escrire aux autres villes, car Anduze donnera le premier bransle a
toutes les Sevenes, et au bas pais aussy, car cest la clef. Il aura le
champ fort beau sur le subiect de la lettre que jescry au sieur Brunel
qui la communiquera a l'hostel de ville ou il preside. Quil face bien
et il trouverra bien, car autrement il seroit le premier qui en pasti-
rait. Quil se resouvienne quil est escript au livre rouge depuis quil
fit tant le mauvais a la derniere assemblée de la Rochelle, qui
couste la ruisne du party. Et pour la fin luy pouvez dire que sil ne
faict son debvoir et qu'Anduze se prenne par force, il meneroit la
dance, cest a dire pour ne le flatter point, que le Roy est resolu que le
Ministre de Privastz et les consulz et quelques autres monteront par ●
une échelle et dessendront par une corde, qui sera un mauvais pre-
jugé pour les autres villes; cest une resolution prinse et tiendra. Cest
luy lesteuf. Il scait bien et ne doit pas ignorer que deux Ministres
ont perdu la Rochelle, et sans le traicté ils estoient pendus les premiers.

Sur tout la presente recue despeschez partout suivant mon ordre
et partez vous incontinent après m'avoir escrit la reception de ce
pacquet, dont je seray en peine jusques a ce que j'en scauray des
nouvelles, car sil se venait a sesgarer ce seroit pour faire massacrer
tous ceux a qui jescris, car lon doscouvriroit par la ceux qui servent
le Roy et qui l'ont toujours servy. Il est vray que mon chiffre leur es:
inconnu.

Sitost aussy que vostre voiage aux dictz lieux sera faict, et des
autres du haut Languedocq, escrivez moy amplement le succes qui ne
peut estre que bon, sil plaist a Dieu, puisque cest pour une bonne
cause, et mettre en repos nostre bon et juste Roy.

Je vous prie napprehender point la despence de ces voiagez la,
car jescris a mon commis de bailler a chacun ce quil conviendra
pour aller et venir. Jespere que le Roy me recompencera; d'ailleurs jy

suis pour bien plus que cela, et vous le scavez bien cest tout un ; jay cette maladie la que de servir a mes despens, il y a trente cinq ans passez ; une bonne recompence paiera tout. Je suis toujours

Vostre serviteur et plus affectionné frere.

Sil y avait quelques unes de ces villes qui vous demandassent ou ils me trouveront a Privastz, dites leur qu'apres que je vous ay eu faict cette despesche que le Roy me devoit despescher a Paris et qui ne my trouveront pas, mais quilz s'adressent hardiment a mondict sieur le Cardinal.

XIV

2

COPIE DE LA RESPONCE DE MONTPELIER AUD. SIEUR DANCHIES DE LA LETTRE QUIL A ESCRITE FEIGNANT D'ESTRE AU CAMP DEVANT PRIVASTZ DU DIXIÈME JUIN 1629.

Monsieur mon frere... Je croy que vous aurez receu la mienne, de la reception de vostre pacquet. Maintenant je vous fay responce a vostre grande lettre du quinze may dernier, et vous rendré compte de tout ce qui s'est passé aux villes ou j'ay esté, et deux autres, affin que vous voiez nos dilligences, et ce que nous avons faict qui n'est pas si peu de chose, que avant peut-estre que le Roy arrive en Sevenes il verra des depputez d'aucunes villes.

Mais il en verra bien davantage quand il y sera arrivé, et que Privastz sera accommodé comme vous lavez escrit, et quilz croient aincy que le Roy est sans misericorde. J'ay bien responce de la pluspart de vos lettres que quelques Consulz vous escrivent, mais que j'ai esté prie de ne les hazarder point, et que les ville sceussent qu'ilz vous ont escrit aux termes qu'ilz vous escrivent, l'on les assommeroit.

Je vous commenceré donc a vous dire qu'à Nismes, ayant rendu vos lettres et ayant préoccupé ceux qui pouvoient servir le Roy, ilz firent tant quilz s'assemblerent une demi douzaine des principaux, au logis du cappitaine Bazen qui a faict rage. Et ayant veu et leu toutes

9

vos lettres, ilz furent tous quant et quant esmeus de scavoir que
Monsieur de Rohan parloit de traiter sans eux, qui fut cause que le
tresorier vostre parent et le conseiller dirent tout haut que si led. de
Rohan alloit à Nismes il le falloit saccriffier au peuple ; quil avoit bien
toujours dit que c'estoit un traistre, et quilz lui jouroient d'un tour
silz estaient creuz dedans la ville. Lesd six assemblez ne perdirent
pas temps, car avant que je partisse pour m'en aller à Usez, ilz
me firent parler à lun des consuls, pour masseurer que je vous pouvois
escrire, que quand le Roy seroit en Sevenes quilz vous escriroient.
Je leur dis alors que je ne pouvois masseurer ny ne croiois pas que
vous fussiez de retour de Paris où le Roy vous avait despesché,
et qu'estant vous seriez a vostre quartier chez la Royne Mere (car
ilz vous croyent encores partout estre à elle et de la Reiigion) C'est
pour quoy ilz ne sespargnent point à me dire tant a cause des autres
lettres precedentes que mescrivez, que ladicte Dame Roine ne vous
voulloit point de mal, mesme qu'elle portoit toujours le Roy a la misericorde, Tant y a que le jour mesme je veis le monde a parler fran-
çois, desque le Roy seroit en Sevenes. Je ne vous dis pas tout ce
qui se passa par le menu, car il faudroit trop de pappier ; je trotoy
toute la nuict avec le sieur de Bazen qui me fit parler aux gens de
guerre, pour leur dire que le dict de Rohan les habandonnoit et quilz
ne se fiassent plus en luy, le s^r de Leques parla bien haut, mais le
conseiller l'a bien arresté, car il a creance du peuple. Jespère en
Dieu que Nismes sera bien et ira bien.

Le lendemain matin je partis pour Usez que dabort que quelquun
des mutins me veit se doubta que je n'estois pas la sans affaires, et
me vint saluer, et demandant si j'avois de voz nouvelles. Je luy dis que
vous estiez à Privastz et que maviez escrit d'advertir les villes qu'ilz
prinsent garde a Monsr de Rohan, car il avoit desia faict parler au Roy
pour luy demander misericorde, et quil luy rendroit Milliau, Les
Marques, Anduze et Mairois ; ce mutin la se mit a renier, et quil me
remercioit, et quil laloit dire au consulz ; quil me prioit de ne point
partir sans les voir puisque cela estoit. Je ne marrestay pas. Je m'en
allé voir monsieur de Gondy qui apres qu'il eut veu vostre lettre, il
commença a donner du pied en terre et dire qu'il falloit attrapper Monsieur de Rohan, et quil feroit assembler la ville pour leur communiquer vos lettres, ce quil fis^t. a l'instant, que je l'accompagne donc,
et a dix pas de la porte nous rencontrons led. mutin avec six ou

sept de ses semblables et luy vindrent dire : Eh bien, Monsieur, je crois
que le Cappitaine Agret que voila vous aura dit comme Monsr Danchies luy a escrit de Privastz ce qui se passe de la trahison que
nous faict Monsieur de Rohan; Nallez vous pas le communiquer au
consulat? Ledict sieur de Gondy leur dict : Il y a plus que cela dans
une lettre dudict Danchies que jay de luy, qui tesmoigne aux villes
le zele quil a en la Religion et le bien qu'il nous procure. Il se
faudra resoudre aux Conseilz, quoique les conseilz quil nous donne
ne soient que pour nostre bien, et nous le tesmoigne bien.
Nous allons tous ensemble a l'hostel de ville ou apres qu'ilz furent
assemblés et vos lettres veues, ilz me firent entrer, et me prierent
(par ce qu'ilz noseroient escrire) de vous remercier, par les
lettres que tout le Corps vous seroit obligé, et que vous pouviez asseurer que des que le Roy seroit dans le pais que ledict de Rohan jou-
rait a la fauce compagnie, que la ville se resoudroit a l'obeissance.
Et me demanderent que sy vous en escrivez aux autres villes que ilz
me prieroient de les advertir.

Je partis donc apres cela, et men allay coucher a Anduze. Et fus incontinent trouver Monsr Brunel, luy rendre vostre lettre, et aussitost
l'avoir veue, il me pria d'aller trouver le Ministre Baille, ce que je
fis, et luy ayant communiqué vostre memoire, il me dit (en ces termes)
Dieu soit loué que Monsr Danchies se porte bien. Je le remercie de
ses bons advis, ce n'est pas la premiere obligaoñ que je luy ay; il a
sorty une fois mon filz aisne du gybet. Dailleurs je scay qui est bon
amy de la cause et bon serviteur du roy ; voila sa harangue, Et me dit
puis apres quil avoit besoin destre secondé, et que sil avait un bon
second a l'hostel de ville, que pour le menu peuple en ses presches
qui les rameneroit bien a luy et les porter a lobeissance. Il ne me
donna pas loisir de dire autre chose, sinon quil estait prou fort, et
puisqu'il avoit subject et matiere de parler de la trahison que
Mon^r de Rohan faisoit aux ville, suivant ces advis, quil me prioit de
vous escrire que sitost que le Roy seroit dans le pais quil auroit con-
tentement de leur ville et de trois ou quatre autres, dont il en te-
noit les volontés et toute sortes de contentemens. Il me pria d'aller
coucher a Allez, que Monsieur Petit pouvoit beaucoup, et que je visse
hardiment Monsr de Mirabel, ce que je fis, et pour ne vous amuser
de tout ce qui se passa, en un mot des que le Roy sortira du Viva-
restz et qu'il approchera la ville, pour Nismes ils l'attendront. Mais

ayant a la cour Monsr le Comte D'Allez leur seigneur ilz croient avoir
misericorde. Tant y a que Allez ne se laissera point battre, ce que
vous pouvez asseurer les ministres de l'Estat.

Je m'en reviens en ceste ville ou je trouvais la responce de nostre
beaufrère de la Vernière qui ne vous osant pas escrire, je vous diray
qu'il me fist voir par sa lettre l'obligation que Monsr de Rohan vous
a et comme il demeura tout perclus de langue, et de tout de ladvis
que vous luy donnez que les villes veuillent traicter avec le Roy et le
laisser la, et que des que le Roy a esté a Privastz, que vous mesmes
avez veu aucuns depputez de quelque ville qui parloient quil estoit
comme travesti, et que le dict sieur de Rohan dit que puisque vous
avez l'honneur d'estre aupres de Monseigneur de Cardinal, que vous
n'escriviez pas à faux et en un mot quil attrapperoit bien les villes et
qui les devanceroit, et que les asseurances que vous donniez par vos
lettres de la probité et de la bonne foy dud. seigneur Cardinal quil
auroit l'honneur de luy faire scavoir de ses nouvelles, mais non pas
que Privastz ne fust prins, et que le Roy ne fust plus pres des Sevenes. Mais vous pouvez bien asseurer la Royne, que le dict sieur le
Rohan n'a recours qu'a sa bonté, et que sil luy plaisoit d'escrire un
mot en sa faveur a mondict sieur le Cardinal, qu'il se jettera entre
ses bras et aux pieds de la misericorde du Roy. Tenez vous asseuré
que led sieur aura plustost traicté que la plus grande part des villes,
sur la croyance qu'il a quelles traicteront sans luy. Je croy que Dieu
vous a faict parler d'avoir trouvé cette invention, car cela va faire
tout rendre sans donner coup d'espée et vous le verrez en moins de
trois mois dicy, joinct que tout est las de la guerre. Pour Milliau cela
suit led de Rohan, et puis vostre beaufrere leur a faict voir de quoy se
rendre, et courre la fortune dud. seigneur. Quand a Castres ilz m'asseurent que puisque le sieur de Rohan leur joue de ses esteufs la
qu'ilz luy en bailleront dun autre. Ilz ont tres bien prins vostre advis
qui est de traicter a son deceu et davancer Nismes pour avoir la Chambre; vous oyrez parler d'eux. De Montauban je ne vous puis de rien
asseurer encores que Monsieur Danchies vostre neveu aye parlé au
sieur de s^t Michel, qui luy a dict que quand Monsr de Rohan et toutes les
villes auroient traicté avec le Roy quilz sont resolus senterrer dans
les ruisnes d'une bresche, et que les femmes deffendront le dernier
assaut. Comme il eust parlé aincy vostre dict nepveu (sa passion) eut
bien l'astuce de mener hors la porte deux ou trois bons officiers et

leur dit qui les advertissoit (par vos advis) que Monsieur de Rohan
traitait en son particullier, quil laissoit la les villes, et de plus que le
Roy avoit desia faict pratiquer leur gouverneur pour de l'argeut, et
quilz le peuvent bien tenir de pres, et que silz sont bien advisez qu'ilz
le doivent prevenir et audict de Rohan aussy, que silz attendent un
autre siege, que jamais ne se parlera de leur ville ny d'eux. Ilz le
remercierent fort. Comme il les veit en goust, il leur fit voir une
coppie de vostre grande lettre, apres la lecture de laquelle il dict que
la larme a leil, ils dirent : helas faut il que cette malheureuse race de
Rohan soit cause de la ruisne des eglizes? La dessus ilz remercierent
encores de rechef vostred. nepveu, et qu'ilz commenceroient de loin de
faire leurs batteries; le prierent de s'en aller crainte qu'on ne les veist
pas si longtemps ensemble, et quil vous pouvoit asseurer, que s'ilz peuvent ilz ne seront pas des derniers, mais qu'il y avoit d'estranges gens
la dedans; que pour la fin ilz feront en sorte que le Roy sera obey,
et promect qu'ilz nauront ny citadelle ny garnison, si ma lettre pouvoit dire à la Royne de vous despescher icy, car il ne peut manquer
que vous ny fassiez grand fruict pour la paix, car lon sadresseroit à
vous pour les présenter a mondict seigneur le Cardinal, et en cas de
non au moins quilz scachent de la facon que vous et nous servons.
Que sil ny a point de recompence, du moins qu'on vous scache gré
de vos despences. Par vostre dernière j'ay veu que vous avez l'entree
de Monsieur le commandeur de la Porte oncle dudict sieur Cardinal,
quil est marry que plustost ne luy avez communiqué de mes lettres
et de mes advis, depuis la premiere que je vous escrivis, en février dernier, avant que le Roy partist pour Italie, et que cestoit un tresor caché que vous avies. Il a tres grande raison, mais
quoy il na pas tenu a vous comme luy pouvez a voir dit. Il ny a rien
de gasté, si la paix ne se faict vous ferez bien besoin icy, et ne scau-
riez faillir de luy communiquer la présente. Au moins il verra ce
que je fais par vos advis, et peut-estre trouverra il bon de vous
faire despescher, pendant que les villes songent à ceste heure à eux,
et ledict de Rohan aussy; voilà tout ce que je vous puis dire, quil y
en a bien assez pour vous asseurer, et audict sieur commandeur, que
jespere en Dieu que mondict seigneur le Cardinal aura tout l'honneur de la paix et quil est croiable, puisque vos lettres leur ont imprimé sa probité et bonne foy, et comme ilz se refiront en luy; vous
devez donc estre allegé de scavoir le fruit que vos despesches ont

apporté, et que jespere en Dieu voir la paix entiere. Cependant je
vous escriré des que le Roy sacheminera en Sevenes, avec la disposition des nouvelles que j'auray des villes, Cependant je suis

Monsieur

Vostre tres affectionné frere et serviteur tres humble.

A. Montpellier le X juin 1629.

XIV

3

COPPIE DE LETTRE AU SIEUR DANCHIES DE MONTPELLIER SUR LE
SUBJECT DU VOIAGE QUE SON BEAUFRÈRE A FAICT AUX VILLES DU
XXIIIe JUIN 1629.

Monsieur... mes deux dernières sont du dixieme et trezieme du
courant; vous avez amplement le succez du voiage que j'ay faict icy
depuis ma dite lettre de lacheminement du Roy vers Sevenes; jay
lettres de tous costés que je n'ay ozé hazarder; mais succintement
je vous diré que sur lapprehention que les villes ont de monsieur
de Rohan, mesmes qu'ilz se trouveront bridez à cause des quatre
villes quil peut rendre au Roy, car Mairiois et Anduze sont les
clefs des Sevenes, les Marques qui est à trois lieues de Nimes, qui
seroit leur ruisne, de Milliau, qui empescheroit la communication de
Montauban a Castres, tellement quilz se sont resolus sur vos advis,
de convoquer une assemblée a Usez ou Anduze, afin de descouvrir
si ledict de Rohan a resolu de faire ce qu'aviez escrit icy en cas de
resoudre entre tous les desputtez des villes, traicter et deputer ce
qui a este faict. J'espere en Dieu que cela portera un grand fruict,
car je fus à Anduze, à cause que nostre beaufrere estoit avec ledict
de Rohan, qui ma dict que je pouvois asseurer de la paix, pour en
asseurer la Roine nostre bonne maistresse.

Monsieur Baille (le ministre) sur lespouvente que vous lui avez
donné par vos lettres a bien joué son jeu, car en pleine assemblée il
dict a Monsieur de Rohan dressant ses parolles (et en ces termes):
Monsieur il faut que je vous die de la part de tous les deputez des
villes, quilz avoient eu advis qui estoit le vostre, que sitost que le

Roy seroit en ce pais que vous allies traicter sans les villes, que ce
nestoit pas les promesses que vous aviez tant faict a toutes noz
autres assemblees. Monsieur de Rohan fit une harangue et fort per-
suasive, et leur dit que si les villes ne se resolvoient à la paix, quil y
estoit porté, par ce quil falloit quil dist et confessast en pleine assemblee quil ne scavoit pas si les villes auroient eu advis quil de-
siroit traicter sans eux; mais que la verité estoit quil avoit eu advis
de bon lieu, et depuis mesme que le Roy estoit devant Privastz, quil
prinst garde a luy, et que toutes les villes alloient traicter sans luy,
mesmes quil se gardast bien daller en aucunes villes, et quon le
voulloit attrapper, tellement que voiant le passé descouvert de part
et d'autre, ledict Baille (ministre) dict : Messieurs pour nous oster
tous hors de la deffiance de part et d'autre, et que peut estre le grand
Dieu qui ne nous veut pas perdre sest servi de ces moiens, pour
nous resoudre à recognoistre lobeissance que nous devons à un si
bon Roy; puisque Dieu nous a icy assemblez, il faut qu'il preside en
noz coeurs et qu'il nous face sentir le chastiment qui nous attend,
a la façon de Privastz, et prions le tous ensemble de nous bien inspirer. La dessus toute l'assemblée se mit à genoux, et ledict ministre
fit une priere qui esmeut tellement l'assemblee, qui commencent
doppiner a la paix et depputer vers le Roy. Ce qui fut faict; voila le
fruict que vos lettres ont apporté.

Il y eut le depputté d'Usez qui dit : Messieurs a qui nous adres-
serons nous, car de sadresser au Roy il nous renvoira a monsieur le
Cardinal qui nous est du tout contraire. Le sieur ministre dict quil
feroit voir lettre que cestoit un seigneur plain de douceur, de foy et
de parolle, et quil parloit bien asseuré, et de bon lieu puisqu'un
homme de qualité de la religion qui est a luy en a donné les asseurances. Il y eut le depputé de Castres qui seconda le dict ministre
et dit que cela estoit vray, et que la plus grande part de l'assemblée
le cognoissent bien, et la dessus vous fustes nommé; le cappitaine
Bazen (qui y estoit) dit qui le vit a la Rochelle, et qui luy conta des
merveilles dudict sieur Cardinal, et comme il avoit bien faict observer
tout ce que le Roy avoit promis a la dicte ville de la Rochelle. Qu'il
se falloit resoudre.

Tellement qu'avant que sortir de la il fut resolu les depputations
vers le Roy, et avant que je repartisse de la led. ministre me dit : allez
seullement et escrivez a Monsr Danchies qu'avant la s^t Jean il verra

le Roy estre nostre maistre, et quil se pourra vanter quil en sera
la cause, car ses lettres ont porté coup de tous costez, et quun jour
il pourra dire au Roy le service quil luy a rendu et moy apres quil
l'avoit deservy a la Rochelle. Led. ministre desireroit bien que vous
fussiez avec le Roy et aupres de mondict seigneur le Cardinal, pour
y presenter les depputez. Ilz auront toute confiance en vous ; mais je
luy ay dict que jestois bien asseuré que le Roy vous avoit despesché
vers la Roine sa Mere.

L'on na pas depputté un seul homme factieux ny mutin, tous gens
paisibles et qui feront fruict sans doute.

J'eu l'honneur de saluer mondict s^r de Rohan. Il me demanda si
vous estiez avec le Roy ; je luy dis que vous estiez a vostre cartier
chez la Roine mere ; il me dist quil vous avoit de lobligation et tout
le corps des Esglizes. La dessus se tourna vers nostre beaufrere et
luy dict, ses advis seront cause de la paix et souvenez vous en.

Je prins congé de luy, et puis m'en allé encores dire a dieu audict
ministre, et luy dicts si je vous pouvois escrire hardiment que nous
aurions la paix ; Il me dit quil estoit infaillible suivant les resolutions
prinses a l'assemblee.

Comme jai esté de retour icy, jay bien eu du remerciem^t pour
vous de ceux des refugiez desd. villes qui avoient eu nouvelles desia
de lad. assemblée, et que vos lettres estoient envoiées a propos, que
tout le corps vous avoit une estroite obligation du grand fruict que
nous apportera la paix, qu'on leur escrivoit qu'elle estoit infaillible,
et quilz confessent que si lou neust prins ce biays a cause de vos
lettres, quil ny eust point eu d'assemblée, car les Consulatz de villes
la resolurent pour voir et descouvrir ce qui estoit dud. de Rohan ;
et le succez en est bon puisque sestantz tous descouvertz les uns
des autres, la jalousie ou pour mieux dire la deffiance les a tous
portez a bien faire et a la paix.

La premiere nouvelle que je vous escriray ce sera de la paix ; elle
est inevitable sil plaist a Dieu, j'en ay veu trop d'apparence pour
croire du contraire. Enfin tout le monde vous a creu estre a Privastz
quand le Roy l'assiegea, et cela a servy de beaucoup pour croire a
vos lettres, attendant la bonne journée de paix. Je ne vous la feré
plus longue demeurant toujours.

Vostre tres affectionne frere et serviteur

A Montpellier le XXIIIe Juin 1629.

XV

DÉLIBÉRATION DE NÎMES.

Archives municipales de Nîmes, Original.

Du Mercredi XXVII du mois de Juin 1629 apres midi dans la maison consulaire de Nimes par devant Mrs Anjouin, Raynaud et Fayolle second, troizième et quatrième consuls, assistans le sieur de Lèques, Gondin, Fourningues et Bonnal Maal et Mre de camp, Dauing assesseur, Rossellet, Petit, pasteurs, Rostang Rozel, Jaques Rozel, de Malmont, de Puiredon, de Langlade, de Lagrange, Duranti vieux, Duranti jeune, Passebois etc..., et plusieurs autres habitans de tous ordres, la sale toute remplie en foulle.

Retour des depputés de la ville au traicté de paix.

Les siens Dauin assesseur, De la Grange, Brenard, Carlot, Richard, Roure et Carcenat dep.tos de la ville en celle d'Anduze pour traicter de la paix avec mrs de l'assemblée généralle sur les ouvertures que Mr de Candiac par lordre de la cour en auroit cy devant faictes, revenus ayant faict rapport de ce qui s'est passé en lad. negociation et comme ce traicté auroit este embrassé par les depptos en assemblée generalle contre leur sentiment et des depptes d'Uzes, et qu'ilz n'auroient pas voulu davantage arrester, voyans qu'on estoit resoleu d'abattre toutes les fortifications vieilhes et nouvelles de toutes les Communautés de la Religion, et que les depptes de l'assemblée estoient a la cour pour la conclurre par l'abandon et manifeste defection de M. le duc de Rohan genal desd. Eglizes, lequel artificieusement pour pourvoir a son but auroit capté les esprits de ceux qui lui pouvoient estre necessaires dans la province des Sevennes, laquelle auroit esté constraint de flaischer a son dessaing et ainsi prendre lad. paix soubs de conditions sy dures que nos biens et nos vies se trouvent tout a fait a la discretion de ceux qui voudront entreprendre sur elles; du moings y auroient lesd. depptes recogneu de telles dispozitions qu'il n'en faut rien esperer, — les depptes d'Uzès seuls avec eux s'estans ralliés a maintenir la liberté dont plus que jamais lesd. Eglizes ont besoing.

Sur quoy d'un commung consentement et par une protestation generalle de tous les habitans a esté rezoleu et arresté que lad. ville se
maintiendra inviolable aux resolutions quelle a cy devant prinses de
ne souffrir point la demolition des fortiffications ni la perte des autres
advantages quil a pleu au Roy luy accorder jusques a ce quil playe
a Dieu fleschir le cœur de sa Ma^{te} a nous donner la paix telle que
avec toute seuretté nous peussions vivre en liberté de conscience,
suivant et conformement a ses editz brevetz et concessions, de quoi
la ville d'Uzes et les autres voisins et esloignés seront informés au
plustost affin de se maintenir en mesme resolution et dans mesme
intelligence et union.

FIN

TABLE DES MATIÈRES

FIN DE LA TABLE DES MATIÈRES.

PARIS. — IMPRIMERIE ÉMILE MARTINET, RUE MIGNON, 2.

causes d'affaiblissement du parti prot. — 80.

minorité royaliste, — pour la prêt au cathⁿ — 32.

déclaration de fidélité au roi par — mᵗ — 71.

les amis de Rohan travaillent à mᵗ — 74.

camp de Mᵗ à Carthg — 77..

Mˢ Rohan : — 83.

www.ingramcontent.com/pod-product-compliance
Lightning Source LLC
Chambersburg PA
CBHW051722090426

42738CB00010B/2028